O SEGREDO DO MEU TURBANTE

Nadia Ghulam e Agnès Rotger

O SEGREDO DO MEU TURBANTE

Tradução: Denise Schittine

GLOBOLIVROS

Copyright © 2020 Editora Globo S.A. para a presente edição
Copyright © 2010 Nadia Ghulam e Agnès Rotger

Todos os direitos reservados. Nenhuma parte desta edição pode ser utilizada ou reproduzida — em qualquer meio ou forma, seja mecânico ou eletrônico, fotocópia, gravação etc. — nem apropriada ou estocada em sistema de banco de dados sem a expressa autorização da editora.

Texto fixado conforme as regras do Acordo Ortográfico da Língua Portuguesa (Decreto Legislativo nº 54, de 1995).

Título original: *El secret del meu turbant*

Editora responsável: Amanda Orlando
Assistente editorial: Isis Batista
Preparação de originais: Carolina Caires Coelho
Revisão: Thalita Ramalho e Marcela Isensee
Diagramação: Abreu's System
Capa: Rafael Nobre

1ª edição, 2020 – 1ª reimpressão, 2021

CIP-BRASIL. CATALOGAÇÃO NA PUBLICAÇÃO
SINDICATO NACIONAL DOS EDITORES DE LIVROS, RJ

G349s   Ghulam, Nadia, 1985-
O segredo do meu turbante / Nadia Ghulam, Agnès Rotger; tradução Denise Schittine. – 1. ed. – Rio de Janeiro: Globo Livros, 2020.
304 p.

Tradução de: El secret del meu turbant
ISBN 9786580634491

1. Ghulam, Nadia, 1985-. 2. Memória autobiográfica. 3. Escritoras afegãs – Biografia. I. Rotger, Agnès. II. Schittine, Denise. III. Título.

20-62671

CDD: 925.81
CDU: 929:821.411.21(581)

Leandra Felix da Cruz Candido – Bibliotecária – CRB-7/6135

Direitos exclusivos de edição em língua portuguesa para o Brasil adquiridos por Editora Globo S.A.
Rua Marquês de Pombal, 25 — 20230-240 — Rio de Janeiro — RJ
www.globolivros.com.br

Às mulheres fortes da minha família

AGNÈS

À minha mãe

NADIA

MINHA MÃE GRITA ENQUANTO TIRA FRENETICAMENTE com as mãos os fragmentos de gesso e cimento que caíram em cima de mim. Cheios de pânico, seus olhos buscam algum indício de vida no meu corpo de oito anos.

Acaba de cair uma bomba na minha casa. E ela dispara para apagar com o próprio corpo as chamas que queimam o meu, com um abraço que pretende me restituir a vida. Ignora que também ela, uma mulher grande e pouco ágil, está se queimando; ignora a fumaça e os destroços, me leva nos braços e, em poucos segundos, me tira do que poderia ter sido o meu túmulo. Só depois de me ver fora daquele lugar, e de comprovar que ainda estou respirando, perde as forças. Então, começa a tremer descontroladamente e a repetir meu nome, como se não pudesse mais parar:

— Nadia, Nadia, Nadia, Nadia.

Vai ser a última vez que minha mãe me chamará de Nadia na nossa casa de Cabul. Quando voltarmos a ter uma casa, eu serei o homem da família.

O PARAÍSO PERDIDO

EU NÃO GOSTAVA DE TOMAR BANHO, mas minha mãe não estava para lenga-lenga:

— Por acaso você não sabe que os piolhos pegam as meninas que não tomam banho e jogam no rio enquanto elas estão dormindo?

Essa história dos piolhos me angustiava tanto que eu acabava cedendo todos os dias. Seguia minha mãe até o banheiro, deixava que tirasse minha roupa e fechava os olhos com força enquanto ela botava umas gotinhas de xampu na minha cabeça e jogava água para fazer muita espuma ao esfregar forte com os dedos. Depois do banho vinha a pior parte: o momento de me pentear. Sempre tive o cabelo muito cacheado — herança afegã do meu pai — e, quando minha mãe passava o pente para desembaraçá-lo, era uma tortura. Ela cantava para me distrair e eu repetia o refrão: "Ai, ai, ai". Fazíamos um dueto bem engraçado.

Não havia água corrente em casa, mas estávamos sempre impecavelmente limpos graças ao nosso rudimentar, mas eficaz, sistema de chuveiro com água quente. Quando eu era liberada, com um suspiro profundo, do ritual de limpeza diário, corria para o jardim para me encontrar com Zelmai, que me esperava escondido entre as romãzeiras e os pinheiros-mansos. Às vezes, quando fazia muito calor, espirráva-mos um no outro a água da fonte que havia no jardim. Outras vezes, brincávamos de vacinar as coitadas das rãs que pescávamos. Aquele jardim tão grande, cheio de flores, plantas e árvores, de esconderijos e de bichos, era o nosso universo particular. Só entrávamos em casa quando não tinha mais jeito, quando minha mãe nos chamava por-que o jardineiro, nosso querido tio Ayub, já tinha trazido o pão quente para o café da manhã.

Nós, afegãos, temos muito orgulho do nosso pão, o *naan*, que é achatado, macio e cheiroso como nenhum outro. Zelmai gostava de cortá-lo e molhar os pedaços na xícara com chá açucarado, e minha mãe costumava imitá-lo. Tomávamos café sentados no tapete, ao lado do meu pai, enquanto víamos os desenhos na televisão. Em volta da gente, minha mãe andava de um lado para outro: dava o café da ma-nhã para minhas duas irmãs mais novas, preparava nossos uniformes da escola, a bolsa do meu pai, a comida... Suava.

— Diz para mim, Zelmai *jan*, qual é a raiz quadrada de trinta e nove?

Zelmai *jan* ("querido") fazia cara de esfinge e se apressava em colocar um pedaço de pão na boca, já que com a boca cheia não dava para falar...

Meu pai observava de perto seus estudos, mas meu irmão, que não era bobo nem nada, se interessava muito mais pelos filmes de Bollywood do que pela matemática. Às vezes, ele me ensinava as coreografias que tinha visto na televisão nas sextas-feiras à noite. Ele sempre imaginava que era um príncipe indiano forte e atraente, e eu olhava para ele de boca aberta. Se nos visse, meu pai se zangava muito com Zelmai, porque dizia que em vez de brincar tanto com uma menina mais nova, deveria estudar e trabalhar. Que por isso es-tava matriculado na escola, e também por isso tinha feito um acordo com seu amigo e sócio Korban para que ele trabalhasse de aprendiz na loja de tapetes. Zelmai dizia "sim, sim, papai *jan*", mas quando ficávamos a sós, sempre repetia que não tinha nenhuma vontade de se enterrar numa caverna escura como a loja de tapetes, e encontrava qualquer desculpa para fugir dali e correr de volta para casa para escutar as histórias do tio Ayub, ou aconchegar-se para ver televisão.

Eu, ao contrário, adorava a escola. Adorava ter meu lápis e meus cadernos, adorava minha companheira de carteira, que se chamava Nadia, como eu, e que usava o cabelo preso em duas tranças. E nós duas gostávamos de escutar como a srta. Shikebá recitava poesias dos antigos escritores persas de uma forma que jamais esqueceríamos:

Tenho para ti uma surpresa,
a primavera chegou,
os jardins estão cheios de rosas,
a água já brilha no rio
e os pássaros cantam piu-piu.

De repente, o sinal que marcava o final da aula quebrava o encanto, e todos se despediam da professora com respeito e iam embora correndo para suas casas. Eu ficava no pátio esperando Zelmai, porque os mais velhos acabavam um pouco mais tarde que nós. De fato, com seis anos, eu era a mais nova de toda a escola.

Nas primeiras semanas de aula, eu não sabia muito o que fazer para matar o tempo. Mas, naquele dia, tinha levado a corda, então a desenrolei e comecei a pular enquanto contava: "Um dois, três... Um, dois...". Ainda não sabia pular muito bem, tropeçava toda hora, e logo me cansei, muito chateada. Desenhei uma amarelinha no chão usando uma pedra. Brinquei algumas vezes, mas sozinha era muito chato.

Numa ponta do pátio ficava a lojinha do seu Fakir. Ele também estava entediado, e se distraía escutando música no rádio e olhando as crianças que faziam ginástica ao ar livre. Eu gostava de observá-lo porque me parecia uma figura interessante, com seu turbante torcido e o sorriso enigmático, mas sempre tentei fazer com que não me notasse.

Que azar.

— O que foi? Não vai comprar nada hoje? — Seu Fakir ria e me mostrava aqueles dentes que me davam um pouco de medo, com os caninos pontiagudos como os de um vampiro.

— Não sei... O que você tem hoje, tio Fakir? — perguntei, embora sempre tivesse a mesma coisa: frutas secas, frutas frescas, doces.

Eu o chamava de "tio", como no Afeganistão são chamados todos os homens adultos.

— Para você, uns pistaches salgadinhos. E olha as cerejas que eu trouxe, o que você acha?

Os pistaches eram o suficiente para matar a minha gula, mas as cerejas pareciam estar me chamando, limpas, escuras e brilhantes, dentro de saquinhos de plástico... Meu pai nos dava dez afeganes todos os dias, e normalmente eu queria economizá-los para comprar uma pipa para meu irmão, mas o tédio e a fome falaram mais alto, por isso comprei as coisas e comi enquanto esperava.

Depois Kholedá, filha de uma professora da escola, e Shaqrá se aproximaram. Eram mais velhas, deviam ter doze ou treze anos, e como eu era a mais nova da escola, gostavam de brincar comigo como se eu fosse uma boneca. Fizeram um sinal para que eu me sentasse com elas no chão e me perguntaram se eu tinha irmãos. Em voz baixa, respondi que meu irmão se chamava Zelmai. Elas se entreolharam e começaram a rir: "Ah, o primeiro da classe B! É tão lindo, não é?". Desconfortável, confirmei porque não sabia se riam de mim. Zelmai era representante de sua turma, e todo mundo o conhecia. Então, Kholedá pegou uma cereja do meu saquinho.

— Me dê a mão, Nadia — disse, decidida. — Vamos deixar você bem bonita!

Olhei à minha volta para o caso de ter que sair correndo, já que não confiava naquelas duas. Kholedá mordeu levemente a cereja para deixar sair um pouco do suco, vermelho-escuro como uma gota de sangue. Então, fez desenhos na minha mão com a tinta da cereja, e sua amiga a imitou. Círculos e caracóis começavam na palma da mão e subiam serpenteando até os dedos.

— Veja, está pronto. Levante as mãos para elas secarem.

Obedeci sem dar um pio. Kholedá tinha o mesmo tom autoritário de sua mãe. Uma vez, na aula, aquela professora me obrigou a dar um tapa em uma companheira que não tinha aprendido a lição. Eu não quis fazer isso e comecei a chorar. Nós duas acabamos sendo castigadas no que chamavam de "quarto escuro". E, no dia seguinte, meu pai reclamou:

— Como podem tratar assim uma criança que ainda nem sabe a diferença entre direita e esquerda?

O diretor, que era seu amigo, pediu desculpas. Eu era uma privilegiada porque o normal, quando se é pequena no Afeganistão, é que batam muito em você.

Quando seu Fakir me viu com as mãos levantadas e pintadas de cereja, caiu na risada.

— Que bonita você está, Nadia! Parece uma noiva com hena nas mãos!

Uma noiva, ai, que vergonha... Abaixei os braços e, agora sim, fui para um canto do pátio para poder ficar sozinha. Escutava as gargalhadas do vendedor, nas quais não via graça nenhuma, e a música de seu rádio, que me atordoava, e escondi muito bem as mãos entre as pregas da saia do uniforme, que, como era preta, não tinha importância se ficasse manchada com a polpa da cereja...

Por sorte, Zelmai saiu da aula logo em seguida, justamente quando eu vi chegar a figura alta e magra do tio Ayub, com seu gorro de lã de ovelha, para nos buscar. O tio Ayub era para nós muito mais que o jardineiro da casa: cuidava da gente e nos amava como se fôssemos seus filhos, embora ele já devesse ter trabalho suficiente com os nove que o esperavam em casa.

— Me leva nos seus ombros?

— Depois, Nadia. Como foi na escola?

— Kholedá e sua amiga, sabe quem são? Aquelas meninas mais velhas? Então, elas pintaram as minhas mãos. Aprendemos uma poesia sobre a primavera, deram uma bronca na Noriá porque estava falando toda hora e, sabe o que mais? Fiz um pouco de xixi nas calças! E foi culpa da professora, que só me deu autorização para sair da aula quando eu já quase não aguentava mais, e você sabe que o banheiro fica no andar de cima, e que tenho dificuldade para me agachar e segurar a saia ao mesmo tempo, e sempre acontece a mesma coisa... Me dá muita vergonha quando volto para a aula, caso alguém veja e comece a rir de mim. Ah! Sabe que nos ensinaram uma canção nova? E me perguntaram se poderia trazer rosas de casa para o Dia dos Professores, que será logo... Não fica chateado, tá? São só algumas, poucas...

Eu falava, falava, e gesticulava, e mostrava a ele onde tinham me pintado com suco de cereja e onde estava a mancha do xixi que tinha vazado, e cantava a música, e o tio Ayub me lembrava que não era certo contar certas coisas em voz alta pela rua, embora deixasse escapar um sorriso por debaixo do bigode. De origem tadjique, como minha mãe, era um homem bom, tímido e generoso, que tinha um carinho especial por mim.

— Está bem, Nadia, pode subir nos meus ombros. E coloca o lenço direitinho, mocinha!

O uniforme escolar das meninas era composto por um conjunto de saia e blusa pretas com um lenço branco que cobria o cabelo. O meu parecia ter vida própria, porque caía toda hora. O tio Ayub me ajudou a colocá-lo no lugar e me botou nos ombros. Eu me sentia a rainha do mundo ali em cima, e quando vi uma menina da minha rua que eu conhecia, dirigi a ela um sorriso triunfante.

A escola ficava muito perto de casa, e logo chegamos. Na porta do jardim, Alí, um menino da idade de Zelmai, nos esperava com uma garrafa vazia de Coca-Cola de dois litros na mão. Era um dos aprendizes das oficinas e lojas da nossa rua, que habitualmente iam buscar água no nosso jardim, porque não tinham e precisavam preparar o chá para eles e seus clientes. Alí fazia serviços de rua para o mecânico e era bem simpático. Às vezes, até ficava para brincar um pouquinho com a gente. Era muito bom jogando bola de gude.

Minha mãe notou que chegávamos e nos esperou na porta de casa. Atravessamos o jardim correndo e gritando na direção dela. Eu fui com tanta ânsia que, em vez de abraçá-la, eu a empurrei, e quase a joguei no chão. Minha mãe era grande, o corpo dela me envolvia por inteiro, e sempre exalava um delicioso cheiro de comida, especiarias, cebola, tomate, salsa fresca.

— Vão se lavar e corram para trocar de roupa, crianças, porque vocês já vão comer. E não gritem, as pequeninas estão dormindo.

Molhei o rosto e as mãos de uma só vez na bacia de água e, sem perder tempo me secando, tirei a saia e a blusa e enfiei de qualquer jeito uma camiseta, que tinha "Miami" escrito na frente, e uma calça de pijama de algodão curta e surrada: era o meu uniforme de ficar em casa. Estava morta de fome, como em todas as tardes.

— O que tem para comer, *modar*?

Tudo estava arrumado no chão, sobre a toalha impermeável com margaridas desenhadas, que era o orgulho da minha mãe. Muito mais prática e moderna que a do tio Janagá e da tia Delián, dizia minha mãe, que ainda usavam toalhas de tecido que tinham que ser lavadas a cada dois ou três usos.

Zelmai recitou a oração em dois segundos, antes de atacar com a mão rápida o arroz com carne e legumes. Minha mãe, de pé, junto de nós dois — só comia quando terminávamos —, fechou os olhos em desespero enquanto suspirava: "Zelmai...". Comecei a comer com mais calma porque não gostava que a minha mãe se chateasse. Na verdade, mastigava bem devagar para não me engasgar com aquela carne de um cordeiro que tínhamos matado havia dois meses e que tínhamos secado para guardar. Mastigava e mastigava enquanto corria os olhos pelo bufê, cheio de lembranças e de presentes que eu já conhecia de memória.

— Você acha que o papai vai nos levar para dar uma volta no carro novo hoje à tarde, *modar?*

— Nem me fale desse carro, Zelmai. Seu pai é um esbanjador. E agora sua prima pediu a ele para comprarmos uma máquina de costura. Não dá para acreditar. E ele disse que sim! Seiscentos afeganes! Ai, meu Deus, que vamos fazer com este homem? Ele não pensa no seu futuro, meu filho?

Zelmai sorria pensando no carro novo.

Aquela prima e sua família só passavam por Cabul quando tinham que ir ao médico ou fazer algum trâmite importante. Quando vinham, eles ficavam lá em casa, e minha mãe ficava nervosa porque chegavam com muitas exigências e não eram exatamente uns aristocratas, longe disso, mas uns provincianos. Zelmai e eu achávamos graça porque, quando ligávamos a televisão, um objeto desconhecido no interior, as mulheres tapavam o rosto rapidamente por medo que os homens que apareciam na tela as vissem.

Quando terminamos de comer, minha mãe nos mandou fazer a sesta, coisa que odiávamos. Muitas vezes, Zelmai reclamava, mas naquele dia observei, surpresa, como ele foi conformado para o quarto. Quando passou do meu lado, ele se agachou e disse no meu ouvido: "Eu não estou com sono, e você?". Olhei para ele sem saber o que fazer. Ele me deu um safanão:

— O último a chegar na fonte é um bobo!

A FESTA DAS SEXTAS-FEIRAS

QUANDO EU ERA PEQUENA, TODA SEXTA-FEIRA, nosso dia de festa, minha casa parecia um restaurante. Os amigos do meu pai — nunca menos de meia dúzia —, se juntavam a tios e primos na hora de comer. Enquanto eu me revirava na cama, chegava até o quarto o cheiro das almôndegas com frutas secas e especiarias, do arroz aromático, do pão frito com açúcar... Inclusive parecia que eu sentia o aroma do creme de lentilhas vermelhas com iogurte, dos bolos, da sopa de legumes...

Minha mãe preparava todo aquele banquete pantagruélico sozinha, e tinha que se levantar muito cedo para começar a mexer nas panelas e frigideiras no fogo com os ingredientes que meu pai tinha comprado. Os convidados sempre elogiavam suas habilidades culinárias — por causa delas, voltavam sempre —, mas frequentemente o ambiente aconchegante e animado azedava quando o último hóspede ia embora da casa, depois de passar muito tempo entre brincadeiras e jogos de cartas. Minha mãe reclamava com meu pai pelo trabalho de fazer toda aquela comida, e principalmente pelos gastos. Mas meu pai não abria mão daquelas festas por nada no mundo, e para realizá-las não estava disposto a economizar nem um centavo.

Os comerciantes do bairro sabiam disso muito bem, e se aproveitavam dele o máximo que podiam. O açougueiro dizia a ele:

— Acabou de chegar um cordeirinho macio que o senhor vai adorar!

Meu pai já imaginava o sucesso que faria com os convidados, e pedia que ele reservasse a metade:

— O mais importante: guarde para mim, hein?

Não dava ouvidos à minha mãe, que dizia que todo mundo o estava passando para trás. Ele não queria mais discutir com aquela mulher com a qual já não era mais feliz, e só dizia a ela que abrisse espaço nas duas geladeiras que nós tínhamos.

Meu pai devia ganhar muito dinheiro. Chamávamos o trabalho dele simplesmente de "a farmácia", embora fosse muito mais que isso. Ele era o único da sua família que tinha saído da aldeia. Como todos os jovens na época do domínio soviético no Afeganistão, teve que servir ao exército por dois anos, e teve a sorte de ficar em Cabul. Lá, deixou para trás o analfabetismo, que era o habitual em sua região, e quando terminou o serviço militar, voltou a se alistar voluntariamente para pagar seus estudos. Teve sorte: como soldado, a seção de enfermaria lhe foi designada.

Finalmente, com seu reluzente título debaixo do braço, foi contratado para trabalhar no Ministério de Saúde. Quando eu era pequena, ele era responsável pela administração dos medicamentos dos hospitais de todo o país. Era uma referência para toda a família — a dele e a da minha mãe — e para os vizinhos, que sempre passavam em nossa casa quando tinham algum problema de saúde ou precisavam de dinheiro. Nunca disse um "não" para ninguém, o que era uma fonte constante de aborrecimentos com minha mãe.

Por conta do seu trabalho, meu pai tinha que visitar hospitais em todo o país, e eu o via sair pela manhã, muito arrumado, à moda ocidental, de terno e gravata: vestimentas que pouco tempo depois se tornaram raridade. E como se relacionava com muita gente, e tinha um bom cargo, muitas vezes ganhava presentes. Pouco a pouco, as paredes da casa ficaram cobertas de tapetes tecidos à mão que ele gostava de pendurar como decoração. Uma vez, um médico com o qual costumava trabalhar trouxe para ele, voltando de uma viagem pela Rússia, um jogo de taças de champanhe que acabaram expostas na cristaleira da sala e se tornaram os objetos mais apreciados por todos. Minha mãe tirava o pó das taças todas as semanas, e as mostrava para as visitas com orgulho, mas não chegou a estreá-las: nunca vi ninguém tomar uma única gota de álcool em casa. O chá, a Fanta e a Pepsi eram os únicos combustíveis que animavam essas reuniões.

Meu pai vivia para isso: para aquelas reuniões alegres e barulhentas nas quais podia ser o anfitrião. E, apesar do que minha mãe dizia quando se zangava, também para ver como seu filho crescia e se transformava num homem bom. Mas tudo aquilo, a felicidade daqueles dias e os sonhos de prosperidade, teve fim quando começou a guerra na nossa cidade.

Para mim, tudo começou na sexta, quando Amín não apertou a minha mão. E eu o esperava muito empolgada todas as semanas porque ele era, entre os amigos de meu pai, meu preferido. Sempre cumprimentava Zelmai e a mim com um aperto de mão exagerado e uma meia reverência, dizendo: "Senhor..., senhora...". Nós morríamos de rir. Ele e sua mulher, que me parecia tão deslumbrante quanto uma atriz de cinema, eram sempre atenciosos, nos davam balas e nunca se esqueciam de perguntar se estávamos bem. Por isso, quando naquela sexta de 1992 entraram na nossa casa como se alguém os perseguisse, angustiados, e não me deram a menor atenção, percebi que algo não estava bem.

Em alguns momentos, tudo parecia normal, e era possível escutar o barulho das cartas, organizadas repetidamente pelas mãos dos jogadores; e o triturar das sementes de abóbora entre os dentes; e os "tsc...!", quando as cartas que chegavam não eram boas o suficiente; ou o "hummm...!", que queria dizer: "Você vai ver, ah, vai...". Eram ruídos familiares e tranquilizadores, sinônimos de momentos relaxantes entre amigos. Mas, de repente, o ambiente pesava, e os mais velhos ficavam em silêncio, sem sequer mastigarem ou embaralharem as cartas, cada um com suas preocupações. Ou começavam a falar entre eles num tom mais sério, sem se preocuparem se as crianças estavam escutando. E fui pegando no ar os comentários que não queria ouvir. Deveria ter ido brincar, mas não conseguia. Estava presa ali, consciente, de algum modo, de que o que afligia os mais velhos era algo que estava a ponto de mudar nossas vidas.

Escutei meu pai e Amín, que se conheciam havia muito tempo, lembrarem que já fazia três anos que os *mujahidin*[*] tinham expulsado o exército soviético que ocupara o Afeganistão por uma década, mas que, em vez de trazer a paz, tinham começado uma nova guerra civil. A única coisa que os unira era o objetivo de expulsar os invasores — dizia meu pai —, e agora eram inimigos entre eles porque todos os seus líderes queriam controlar o país.

— Estão arrasando com Cabul, estão reduzindo a cidade a pó — Amin se lamentava. — Meu cunhado e minha irmã estão no Paquistão, porque já não tinham nada aqui e diziam que não queriam ver seus filhos mortos ou morrendo de fome. Foram embora um dia depois de verem seus vizinhos da vida inteira serem massacrados na frente de casa por uma bobagem. E, Ghulam, falando sério — acrescentava o amigo do meu pai, sombrio como eu nunca o vira —, não vamos nos enganar: logo as bombas chegarão até aqui.

Olhei para meu pai, esperando que ele dissesse: "Vamos, Amín, não exagera!", ou algo parecido, mas ele ficou de novo em silêncio e fechou os olhos, assentindo.

---

[*]Plural de *mujahid*, que se traduz do árabe como "combatente" ou "alguém que se empenha na luta". No século xx, a palavra se popularizou nos meios de comunicação como "guerreiro santo", ligada aos combatentes armados que se inspiram no fundamentalismo islâmico. No entanto, o *mujahid* também pode ser um combatente no sentido laico e nacionalista: pelo seu Estado, pela pátria, por sua família ou pelo seu povo. (N. T.)

E ele estava certo.

A casa, o centro do nosso mundo, se transformou em um lugar perigoso, que tínhamos que abandonar quando as bombas caíam muito perto. A princípio, aqueles amigos e parentes que iam com frequência à nossa casa nos acolheram nas suas. Mas, pouco a pouco, a guerra foi dispersando as pessoas e fomos ficando cada vez mais sozinhos. Os comerciantes deixaram de guardar os cordeiros mais macios para o meu pai, as sextas eram tristes dentro dos abrigos úmidos. Aquela angústia fez com que minha mãe perdesse o leite com o qual amamentava minha irmã mais nova. Um dia, aproveitando o caos nas ruas, alguém incendiou a loja de tapetes do meu pai. As propriedades não valiam mais nada, os trabalhos eram inseguros, o dinheiro começou a escassear. Minha família teve que abrir mão do tio Ayub, embora ainda tenhamos mantido contato com ele por algum tempo. A guerra acabou com a vida dele: perdeu sua família e envelheceu mil anos.

Apesar de tudo, tentávamos conservar os bons costumes e, sempre que podíamos, convidávamos as pessoas para passarem as sextas-feiras em nossa casa quando os bombardeios se afastavam do bairro. As mulheres comentavam que a burca era incômoda, uma peça de roupa que nunca tinham usado até então. Seu uso ainda não era obrigatório, mas muitas a adotaram por iniciativa própria ou, em geral, por imposição do marido diante dos perigos que ameaçavam as mulheres. Os sequestros e estupros eram frequentes naquele tempo e, para se proteger, elas começaram a se cobrir. Minha mãe acabou usando as saias — algumas muito curtas —, as meias, as camisetas de manga curta e as jaquetas que tinha no armário como panos de chão. Teve que passar a desdobrar o lenço, que ela gostava de usar como uma tiara, para cobrir todo o cabelo no dia em que saía sem burca. Ninguém mais, exceto nós, voltou a vê-la com suas tranças longas, das quais tinha muito orgulho.

Assim, os meses foram se passando até que, uma noite, depois de jantar tranquilamente com a tia Shobobó e uns primos do meu pai, minha mãe disse que ia pegar uns doces. Eu a acompanhei até a cozinha, mas depois lembrei que Zelmai tinha comprado uns gibis novos e decidi folheá-los no meu quarto.

De repente, tudo voou pelos ares. E anoiteceu.

O INFERNO

A PRIMEIRA COISA QUE VI AO acordar foram os olhos assustados da minha mãe, escuros como nunca, marcados por rugas e olheiras que eu não tinha visto antes daquele dia.

— Mmmm... ammm!

O que tinha acontecido comigo? Por que a minha boca doía tanto e não dava para entender o que eu dizia? Onde estava? Virei a cabeça com dificuldade para olhar ao redor: estava jogada em um colchão no chão, com muitos outros colchões ocupados por meninos e meninas, no que parecia mais um corredor comprido do que um quarto normal. Parecia um hospital, mas o que é que eu fazia ali? Estava apavorada, não conseguia fazer perguntas porque meu corpo não respondia. E dos olhos da minha mãe, fixos em mim, começava a cair um rio de lágrimas.

Eu inalava um cheiro forte e espesso, uma mistura de comida, de remédios, de sangue e de suor. De onde eu estava, via umas janelas pequenas com cortinas até o teto. Os barulhos também enchiam o ar carregado: gemidos, conversas e orações murmuradas com voz séria, que eu escutava pela metade, com o ouvido esquerdo. Apalpei a outra orelha: ela estava completamente tapada e doía muito com o toque mais sutil. Deixei a mão cair sobre a cama. E também notei que meus olhos se encheram de lágrimas. De pura dor.

Minha mãe não parava de me beijar, e ia dando graças com um sorriso interrompido por soluços. Algumas mulheres, parentes de outros doentes, iam me ver, abraçavam minha mãe e choravam de emoção com ela, pedindo para que todos nós pudéssemos nos curar e que a guerra acabasse de uma vez.

Guerra. Hospital. Uma dor constante. Sarar. Aquelas palavras iam se entrelaçando na minha cabeça, que parecia a ponto de explodir.

Minha mãe só se acalmou quando aquele rodamoinho de gente que ria e chorava ao meu redor se dispersou. Então, explicou o que aconteceu: uma bomba tinha caído em casa, surpreendendo a todos, exatamente onde eu estava. As queimaduras espalhadas por todo o meu corpo eram tão graves que eu tinha ficado seis meses em coma. Ela me contou que me velara dia e noite, e que teve que suportar os médicos e as enfermeiras dizendo para ela perder toda a esperança, e que precisou batalhar para que me medicassem. Também me disse que uns amigos do meu pai tinham conseguido trazer da Índia um remédio que não era encontrado em nosso país, e que ela também tinha aplicado em mim cataplasmas que preparava com ervas, na esperança de que as feridas se fechassem. E, Alá seja louvado, tinham funcionado.

— Todos me diziam que eu não podia fazer nada, que você estava muito mal. Mas eu sempre, sempre soube que você sairia dessa, Nadia.

Minha mãe botava para fora tudo o que havia guardado durante muito tempo, mas eu escutava suas explicações pela metade, porque eram mais intensas do que eu podia suportar. Além disso, estava obcecada em tocar o meu corpo para ver se tudo ainda estava no devido lugar. Eu me concentrava em reunir forças para ir me mexendo, devagarinho. Todo gesto era penoso, pela dor e por eu estar praticamente toda enfaixada, mas eu tinha todo o tempo do mundo. Naquele dia, comecei a fazer o cálculo das perdas. Soube que sofri queimaduras graves na cabeça, no rosto, nos braços, nas mãos e nas pernas. Mas o pior veio dois dias depois, quando consegui que me dessem um espelhinho. A visão do meu rosto e da minha orelha esquerda, desfigurados pelo fogo, me deixou primeiro perplexa, porque eu não me reconhecia, e depois, arrasada.

De repente, estava presa num pesadelo, e as lembranças das brincadeiras no pátio com Zelmai, a fonte do nosso jardim, as cerejas da escola, passaram a fazer parte de outro século, de outro mundo. Só tinha nove anos, mas o meu tempo de viver a infância já havia terminado. Estar naquele hospital pobre e imundo, cheio de rostos contraídos pelo sofrimento, de lamentações que nos indicavam que alguém tinha morrido, era como ter caído num buraco aterrorizante.

De vez em quando, ficava triste por coisas banais. Eu me lembrava da carne, dos bolinhos, do arroz de verdade... Como sentia saudade de uma comida normal! Enquanto estive no hospital, como as queimaduras me impediam de abrir a boca normalmente, e mastigar era muito doloroso, minha mãe me alimentou como se eu fosse um bebê: com uma colherinha ia me dando leite, mingau, sopa de arroz bem líquida... Algumas vezes, ela me consolava e fazia com que me sentisse protegida. Outras vezes, me torturava a lembrança da dureza das avelãs que explodiam entre os molares, o "crec-crec" dos biscoitos, a sensação de mastigar um pedaço de guisado e de sentir a boca tomada pelo sabor da carne e dos legumes que minha mãe preparava tão bem.

No entanto, o pior não era a comida, mas os silêncios e os mistérios que começaram a aparecer. As coisas que eu não entendia. A vida que já não reconhecia.

Naquele dia em que acordei no hospital, e que para minha mãe foi um dos mais felizes da sua vida, eu entrei no inferno. Meu corpo pequeno e ágil de menina tinha se transformado em uma carcaça que me custaria quase vinte anos não para gostar dele, mas simplesmente para poder olhá-lo sem começar a chorar.

A RAPOSA FELIZ

VI MUITOS FERIDOS CALMOS E SILENCIOSOS. Talvez se conformassem com o seu destino, ou talvez tivessem se rendido e deixavam que a vida, ou a morte, seguisse seu curso como se eles não tivessem nenhuma influência sobre ela. Esse não era o meu caso. Eu estava com raiva, meu corpo tinha se tornado meu inimigo e minha mente fervia de indignação. Não podia suportar aquela dor imensa e interminável, mas talvez carregasse da pior maneira a raiva que me consumia e que eu concentrava em uma pergunta que nunca me abandonaria: "Por que logo comigo?". Da noite para o dia, deixei de pensar no futuro com esperança.

Minha mãe me contava histórias e cantava músicas para me distrair e me acalmar, porque o meu desespero cortava o coração dela.

— Venha, querida, não quer escutar a história da raposa e do lobo? — insistia.

Muitas vezes funcionava: eu deixava de soluçar imediatamente e, pouco a pouco, me sentia transportada para aquele mundo no qual os bons sempre vencem. Eu adorava todas as histórias, mas principalmente as que eram sobre animais, aqueles lobos tão bobos e aquelas raposas trapaceiras e sempre prontas para provocá-los. Minha mãe secava minhas lágrimas e aproveitava para me acariciar enquanto começava:

— Era uma vez uma raposa que não encontrava nada para caçar. Estava morta de fome, e quanto mais fome sentia, mais se irritava. Caminhando e caminhando, entrou num pomar muito grande e viu que estava cheio de árvores frutíferas. Havia maçãs, romãs, ameixas...

Eu imaginava com os olhos extasiados e sentia uma doçura na boca.

— ... Pêssegos, damascos, cerejas... Havia de tudo. Estava tão enraivecida de fome que começou a bater nos troncos das árvores com as patas.

"Bata com força nas árvores, vamos!", eu pensava ansiosa, me identificando completamente com a protagonista.

— Tomou impulso e... pronto. Quando, depois de algum tempo, o camponês chegou, viu que alguém tinha deixado cair todas as frutas e que elas estavam apodrecendo no chão. "Quem pode ter feito isso?", perguntava a si mesmo.

Minha mãe fazia uma voz de homem zangado e me fazia rir, "ai!". E assim a história continuava e íamos conhecendo as artimanhas da raposa, que mais tarde enganava, como era de hábito, um lobo que também rondava por ali. Já conhecia o fio da história, mas minha mãe todos os dias bordava com ele novos detalhes que me mantinham atenta e cheia de emoção. Ela sabia fazê-lo porque era uma grande narradora (frequentemente notávamos que se fazia silêncio na sala e nos dávamos conta de que todos os doentes e familiares tinham se juntado para ouvir), e também porque temia o momento de "acabou--se o que era doce". Eu sempre chorava quando uma história terminava, e minha mãe tinha se tornado especialista em aumentar, variar, interligar histórias, porque assim matávamos o tempo e, com um pouco de sorte, eu dormia enquanto ela contava, o que lhe permitia guardar o final para depois.

Minha mãe tinha aprendido a arte de contar histórias desde pequena, quando ficou órfã e teve que ir morar com a irmã mais velha e sua grande família. Ela trabalhava como uma mula na casa: na cozinha, limpando e cuidando dos seus sobrinhos, mas tinha o privilégio de escutar contos, poesias e canções que a sogra de sua irmã contava para as crianças. Naquela época, em que não havia televisão nas casas e a maioria das pessoas não sabia ler, era um hábito que as avós dedicassem muito tempo a contar histórias e a recitar poesias que as crianças aprendiam de cor, como eu também fiz no hospital.

Nem todas as histórias eram inocentes como a da raposa e do lobo. Muitas delas eram patrióticas, inventadas por pessoas que tiveram que fugir do país e sentiam saudades; e também eram comuns as que falavam de amores infelizes. Umas tragédias horríveis nas quais os apaixonados falavam em verso, e que nos levavam a nos debulhar em lágrimas. Todo mundo gostava: sabíamos trechos de memória, cantávamos todas as canções e seguíamos as aventuras como se fosse um filme no cinema.

Minha mãe era uma contadora de histórias excepcional, só que, mais cedo ou mais tarde, se eu não dormisse, os contos e as forças se acabavam, e eu saía da pele da raposa esperta e voltava a ser uma menina prostrada em uma cama.

— Quero brincar, mamãe! Quero uma boneca! — dizia com raiva de vez em quando.

Poucos meses antes, eu ainda tinha a Boneca Dançarina. Meu pai a havia feito para mim. Era de madeira, daquelas que levantam os braços e as pernas quando puxamos a corda para baixo. E, mesmo um pouco antes, quando a vida era normal e dormíamos sempre na mesma cama, temendo só os fantasmas e os monstros inexistentes, em vez de bombas e metralhadoras reais, havia muito mais coisas. Os amigos do meu pai que viajavam para a Rússia — era o auge do prestígio — sempre voltavam com presentes para Zelmai e para mim.

Lembro especialmente uma vez em que trouxeram uma *kalashnikov*[*] de mentira para o meu irmão e, para mim, uma boneca bem grande que fechava os olhos quando deitava. Parecia mágica, eu não parava de deitá-la e levantá-la, deitá-la e levantá-la... E Zelmai a matava diversas vezes com sua arma nova.

A abundância ia terminando pouco a pouco, à medida que a violência crescia ao nosso redor. A escola, o trabalho, as lojas, as partidas nas sextas, os brinquedos... Fomos perdendo tudo. Quando escutávamos o estrondo das bombas e os disparos de perto e tínhamos que fugir depressa de casa até que a situação se acalmasse, minha mãe tentava pegar alguns lençóis e um pouco de comida, e meu pai se preocupava e dizia para ela se apressar porque não tínhamos tempo a perder. Eu, enquanto isso, só pensava em uma coisa: em buscar a Boneca Dançarina.

Mas a Boneca Dançarina também foi perdida.

---

[*] Rifle de assalto AK- 47 criado pelo engenheiro militar Mikhail Kalashnikov e até hoje considerada a arma mais versátil do mundo. (N. T.)

Botões

Um dia minha mãe levou para o hospital dois botões e um pouco de linha. Ela passou a linha por eles e a amarrou. Eu a esticava, fazendo os botões girarem. Aquele único brinquedo cumpriu sua função por algum tempo, mas era muito frágil: ao fim de alguns dias, a linha arrebentou e um dos botões caiu e sumiu. Chorei como se tivesse perdido uma coleção inteira de Barbies. E minha mãe prometeu que me traria outro botão.

Não seria nem um pouco fácil. Em primeiro lugar, porque não havia botões nas peças de roupa afegãs tradicionais, logo, não podia tirar nenhum de sua roupa nem da do meu pai — todas as suas peças de roupa ocidentais tinham sido queimadas junto com nossa casa —; e, em segundo lugar, porque minha mãe não tinha um centavo para comprá-los. Mesmo assim estava decidida a me agradar. Saiu pela rua olhando para o chão para ver se tinha a sorte de encontrar algum perdido. E assim, com olhar baixo, forçando a vista por trás do véu da burca, chegou ao centro, onde havia muitos lugares vendendo roupa de segunda mão. Roupa do próprio dono, vendida ou encontrada em casas abandonadas, quem poderia saber... Naqueles montes de roupas havia calças e camisas em estilo ocidental, cheias de botões. Tudo estava muito barato, mas mesmo assim era inalcançável para alguém que não tinha dinheiro no bolso. O que ela podia fazer? Apenas uma coisa que, só de pensar, fez com que suas pernas começassem a tremer e o coração acelerasse.

Minha mãe percorreu os lugares mais cheios, e olhou o rosto dos vendedores, procurando o que parecesse mais boa-praça ou mais distraído. Ela tinha a sensação de que qualquer um adivinharia suas intenções apenas ao observá-la. Mas ficou tranquila: era apenas mais uma burca, sem rosto, sem pernas trêmulas ou rígidas. Um fantasma entre tantos outros. Escolheu um objetivo: um amontoado de roupa muito alto no qual já havia outras pessoas mexendo. Talvez se fizesse rapidamente não fosse notada... Aproximou-se do monte de roupa e se agachou. Escondeu uma camisa velha dentro da burca e começou a puxar um botão. Estava bem costurado e não queria se soltar. Aproximou-o da boca para cortar a linha com os dentes quando escutou:

— Senhora! Senhora, o que está fazendo? Está me roubando!

Minha mãe sentiu o sangue congelar nas veias. Soltou a camisa em seguida.

— Não, não, desculpa, senhor! Eu não queria roubar! Eu... eu só queria um botão para minha filha.

O vendedor apontava o dedo para ela, e um grupo de pessoas se aproximou para olhá-la. Minha mãe estava desconsolada.

— Só queria um botão para minha menina, que não tem nada para brincar. Desculpe, senhor! Por favor, não diga nada à polícia, me deixe ir embora. Não tenho nada e minha filha precisa de mim.

Naquela época de governo *mujahidin*, a polícia era violenta, corrupta e arbitrária, de forma que terminar em suas mãos não era sinônimo de justiça, mas de terror.

O homem deixou de acusá-la com o dedo. Minha mãe deu meia-volta, soluçando, e o bando de gente que olhava abriu caminho para deixá-la passar. Depois de se afastar alguns metros, escutou a voz do vendedor:

— Ei, você, irmã, volta! Toma! Um botão para sua filha!

Minha mãe não se virou. Apertou o passo. Sentia-se tão humilhada e tão culpada que não queria voltar a olhar aquele homem nos olhos.

Quando chegou ao hospital estava abatida, com os olhos vermelhos de tanto chorar.

— Nunca mais me peça nada, Nadia. Sua mãe não consegue roubar.

Eu estava outra vez sem brinquedos.

Morte e demônios

Minha mãe estava sempre ao meu lado. Deixou minhas irmãs mais novas aos cuidados da minha tia, e meu pai continuou vivendo aqui e ali com meu irmão Zelmai. Eles se encarregavam de conseguir comida, uma tarefa que é sempre feita pelos homens no Afeganistão, mas que naquele momento era mais difícil do que nunca, porque mal tínhamos dinheiro.

Um dia, conseguiram de uma ONG um saco de arroz, outro de farinha, outro de açúcar e um pouco de chá: o lote completo de primeira necessidade, que naqueles tempos de correria era um luxo. Pegaram um táxi para voltar para a casa na qual estavam ficando naqueles dias e, enquanto comentavam eufóricos a sorte que tiveram, o motorista freou de repente: era uma batida policial. Os milicianos, da facção que controlava o bairro — seguidores do líder militar Abdel Rashid Dostum —, deram uma olhada dentro do táxi e, depois de trocarem olhares entre eles, fizeram sinal para que o taxista os seguisse. Não deram nenhuma explicação, mas meu pai sentiu no ar que algo estava errado.

Quando chegaram ao quartel, os homens de Dostum roubaram tudo o que eles tinham: a comida, o relógio, o dinheiro... e depois decidiram matá-los. Levaram todos eles para um descampado próximo, onde havia um poço que emanava um fedor horrível, e jogaram lá, sem titubear, o taxista. Ele deve ter tomado um baque ao cair, porque nem sequer escutaram seus gritos.

Da mesma maneira que os tinham condenado à morte de forma impulsiva, como se fosse um capricho, eles os salvaram apenas porque um dos homens disse:

— Parem! Esse menino se parece com o meu sobrinho.

Essa razão tão absurda foi o suficiente para que desistissem. Meu pai e meu irmão, abraçados e aterrorizados, não paravam de soluçar.

— Deixem eles! — ordenou um dos mandantes. — Mas estou avisando que, se tentarem recuperar o que pegamos ou contarem o que aconteceu, vamos matá-los.

Ambos saíram correndo dali, mas enquanto Zelmai queria esquecer tudo o mais rápido possível, meu pai repetia que queria recuperar as coisas que tinham roubado dele e salvar o taxista, se ainda tivessem tempo para isso.

A história acabou bem porque meu pai conhecia uma pessoa muito influente que aceitou intervir no assunto. Ninguém pediu satisfação para aqueles homens, mas meu pai conseguiu recuperar o relógio e tirar o pobre taxista do poço com apenas algumas contusões. O homem estava em choque porque teve que passar muito tempo em cima de uma massa disforme de carne humana em decomposição: as vítimas anteriores daqueles milicianos selvagens.

Meu pai demorou alguns dias para ir ao hospital depois desse incidente que muito o afetou. E se ele, que era ele, estava assim, como devia lidar com o assunto um adolescente como Zelmai? Minha mãe sofria e não entendia por que seu filho não tinha ido vê-la nem por que não tinha notícias dele desde que o incidente acontecera. Muito menos entendia o motivo pelo qual seu marido perdia as estribeiras quando ela tocava no assunto, e parecia muito estranha a explicação que ele lhe dava quando saía um pouco da concha na qual tinha se fechado: o menino tinha fugido para o Paquistão e logo voltaria... Mas sozinho? E por que não tinha dito nada sobre esses planos? Enquanto ela me fazia companhia no hospital, a angústia a consumia; de vez em quando eu notava que sua mão, agarrada na minha, tremia.

Desde então, meu pai se entregou a uma dor secreta e constante e o seu temperamento começou a mudar.

Numa ocasião, quando eu estava fora do hospital entre uma internação e outra, fomos passar uns dias em Mazar-e-Sharif, na casa de uns parentes do meu pai. Fazia um calor horrível e à noite subimos ao terraço para dormir, com a esperança de que circulasse um pouquinho de ar. Estendemos os tapetes no chão de barro e nos deitamos: minha mãe ao lado da minha irmã mais nova, e eu entre minha mãe e meu pai. Como estava muito cansada, não demorei para dormir. Mas logo acordei porque tinha feito xixi e, graças à luz da lua, vi que meu pai estava num sono muito agitado. Ele se mexia, gemia e suava em bicas. Quis acordá-lo do pesadelo tocando seu ombro e dizendo suavemente:

— Papai, papai, acorda.

De repente, ele abriu uns olhos de louco e segurou o meu braço com força.

— Te peguei! — urrou e, se levantando, tentou me jogar terraço abaixo.

Eu gritava e chorava, suas mãos me machucavam muito e eu estava bem assustada. Em questão de segundos pareceu que meu pai despertava de um estado de transe. Me abraçou e explodiu num choro. Me dava beijos e molhava minhas bochechas com suas lágrimas.

— Me desculpa, me desculpa! Quase matei minha filha! — repetia, com os olhos voltados para o céu.

Estava desesperado, consciente de que aquele mal que o envenenava colocava em perigo a vida das pessoas que amava. Explicou que tinha sonhado que um *mujahid* o perseguia para matá-lo e que tinha me confundido com o seu algoz. Passei o resto da noite escutando ele e minha mãe agradecendo porque, no fim das contas, não tinha acontecido nada, e também tentando aplacar o tremor do meu corpo.

No dia seguinte, quando saiu o primeiro raio de sol, meu pai foi comprar pão fresco. Passou *aluá* nele — uma pasta doce feita com óleo, farinha e açúcar — e dividiu os pedaços com as pessoas que andavam pela rua. Dar pão com *aluá* era uma forma tradicional de agradecer depois que acontecia algo grave que tinha um final feliz. Sim, aquela noite não havia acontecido nada irreparável, mas todos nos conscientizamos — meu pai foi o primeiro — de que havia algo dentro dele que ia muito mal. Ele, um profissional de saúde com instrução, sabia que era uma manifestação de uma grave doença mental. Para os outros, começando pela sua mulher, era um sinal evidente de possessão diabólica.

Quando os seus antigos companheiros de trabalho souberam que ele sofria desses transtornos, agiram para interná-lo em um hospital psiquiátrico na Índia, porque no Afeganistão não existia nenhum. As negociações avançavam rápido, já havia um lugar combinado num centro médico de prestígio, e só estavam pendentes as passagens de avião... quando uma nova mudança de governo frustrou os planos. Meu pai ficou em Cabul, mudo e seco e, incapaz de conservar suas amizades, logo também ficou sozinho. Seus companheiros e amigos foram se afastando dele, e só a família o apoiou, embora com medo, porque parecia que ele tinha sido substituído por outra pessoa e, principalmente, porque de vez em quando reagia de forma violenta. Queria bater na minha mãe, queria quebrar tudo, gritava e insultava...

Nós não sabíamos o que fazer. Os remédios para problemas leves de saúde não serviam, como o que tínhamos para picadas de escorpião: era só ler uns versos do Alcorão, esfregar um pouco de saliva na ferida e tudo estava resolvido. Não sei se aqueles escorpiões eram muito perigosos, mas a cura costumava acontecer. Com ele, ao contrário, só podíamos nos esconder e rezar em voz baixa enquanto a poeira baixava e ele voltava a ser um homem abatido e de olhar ausente. Era outra pessoa, mas pelo menos não batia na gente. Era, talvez, como se não existisse mais.

Ficava para trás aquele tempo em que Zelmai me ensinava músicas para cantarmos ao nosso pai quando ele chegasse do trabalho, enquanto batucávamos uma lata como se fosse um tambor, e ele ria ao ver toda aquela apresentação. Quando nasci, meu pai se aborreceu porque esperava que fosse outro menino, mas com o tempo aprendeu a me amar. Agora, aquela época não voltaria.

Vida nômade

Se tivesse apostado, minha mãe teria ficado rica. Porque ela era a única que acreditava que eu sobreviveria às feridas. Os médicos, os amigos, os conhecidos e, inclusive, meu pai tinham perdido a esperança de me verem crescer. Mas eu ressuscitei, contrariando todas as estimativas, e comecei a lutar. A partir de então, como se alguém tivesse me colocado antolhos, tentei nunca mais olhar para os lados, nem para trás, nem para baixo, para não sentir vertigem: só para a frente.

Mesmo assim, minha vontade de viver não bastava para ficar recuperada. Precisava de um leito hospitalar, tempo e muito tratamento. O problema é que não estava na Europa, mas no Afeganistão, e parecia que a guerra não estava nem perto de terminar.

E isso queria dizer que não só havia poucos recursos, como, muitas vezes, o hospital no qual eu estava se transformava em campo de batalha. Então, as portas se abriam e tínhamos que sair correndo, num salve-se-quem-puder dantesco de doentes e feridos, de sondas, soros e ataduras. E o pior de tudo é que muitos de nós não tínhamos uma casa para nos resguardar, só a incerteza e uma cidade afundada naquela guerra civil cada vez mais cruel.

Assim, durante dois anos, nos intervalos entre as diversas estadias no hospital, morei em muitos lugares diferentes. No princípio havia parentes que nos acolhiam em suas casas. Pouco a pouco, todos os meus primos, tias e tios seguiram o fluxo de gente que se esgueirava pela fronteira (um terço da população do país foi por esse caminho). Então, tivemos que procurar casas de conhecidos e, mais tarde, conhecidos de conhecidos... até que chegou um momento em que nos refugiávamos do frio e comíamos o que podíamos na primeira casa que nos abria a porta. Apesar da precariedade, naqueles tempos um código tácito de solidariedade tinha sido estabelecido entre as pessoas que sobreviviam na cidade, e era normal oferecer ajuda àqueles que precisavam.

Éramos milhares, naqueles dias sombrios, que nos transformamos em desabrigados em nossa própria cidade, fugindo pelas ruas mais perigosas e buscando refúgio nas que ainda era possível viver com uma certa tranquilidade.

Um desses intervalos começou certa manhã, quando acordei com a notícia que recebíamos de vez em quando e que eu temia mais que a morte:

— Nadia, os médicos estão dizendo que acabou de ter uma explosão muito forte no cinema aqui ao lado e que não estamos seguras aqui.

Sabíamos muito bem o que isso significava: que teríamos que ir embora imediatamente. Eu tinha me ajeitado em um canto, tentando respirar e me tornar invisível, para não ter que me arrastar por todo lado. Mas minha mãe, resignada, me ajudava a ficar de pé e me calçar, se enfiava na burca, e em um minuto estávamos na rua, deixando para trás feridos que eram só sangue e gemidos. O hospital voltava a me expulsar, e não tinha outro jeito a não ser vagar pelas ruas com a moral baixa e a dor pulsando na orelha que tinha desaparecido e por todo corpo, lembrando a mim mesma que eu tinha um monte de órgãos que preferiria não ter.

Andando, andando, passamos por uma rua que acabara de sofrer um ataque: havia mortos por todos os lados. De repente, minha mãe soltou a minha mão e saiu correndo, berrando, até parar próxima a um corpo. Era um adolescente cujo rosto alguém já tinha coberto com um lenço. Minha mãe, pensando em Zelmai, de quem ainda não tinha notícias, abraçou o rapaz com força, gritando e manchando a burca com o sangue dele.

Pouco depois, já tínhamos um aglomerado de gente à nossa volta:

— É seu filho? — perguntou a ela um homem mais velho. — Já viu o rosto dele?

Uma mulher afastou com dificuldade minha mãe do rapaz, e tirou o lenço. O grupo prendeu a respiração, com os olhos fixos na reação da minha mãe. Parecia que o mundo tinha parado de girar.

— Não, não é.

Minha mãe deixou o menino no chão, levantou-se de repente e voltou a segurar minha mão.

— Vamos — disse soluçando. — Zelmai está no Paquistão e está bem, está bem...

Estava muito transtornada e eu também. Nós duas, de alguma forma, intuíamos que Zelmai não estava nem no Paquistão e muito menos bem.

Procurando meu pai

Naquele dia tínhamos um problema a mais, que começava a se tornar habitual: não fazíamos ideia de onde meu pai estava. Ainda faltavam uns anos para que os celulares se popularizassem, por isso tínhamos de recorrer aos métodos tradicionais para localizá-lo.

— Desculpa — dizia minha mãe às pessoas que passavam —, poderia me dizer que bairros estão mais tranquilos hoje?

Alguém nos disse que perto dos jardins de Boguebolá, no bairro novo de Karta Parwan, poderíamos ficar tranquilas. O lugar ficava na outra ponta da cidade, a pelo menos uma hora de caminhada com o estranho passo de dança que todos tivemos que aprender: avançar alguns metros para a frente, dar um salto para evitar cair em algum buraco, desviar de uma montanha de entulho, fazer uma corrida louca quando parecia que as pessoas ao redor se inquietavam temendo que alguém atirasse. E voltar ao passo insistente para chegar o quanto antes.

Já era meio-dia quando entramos nos jardins. Eu só tinha ido lá uma vez, quando me levaram para visitar o zoológico. Agora diziam que, com a guerra, muitos animais tinham morrido de fome, outros tinham se transformado na comida de algum desesperado, e ainda existiam aqueles que corriam livres por aí... A única coisa que vimos foi desolação: um lugar que fora espetacular, um dos orgulhos de Cabul, agora era uma extensão de terra queimada, árvores escurecidas e edifícios destruídos. Não sobrara nada do jardim botânico, do campo onde meus pais passeavam — sempre vigiados —, como tantos outros casais que vinham a Boguebolá para estar em um lugar romântico. Também fora um lugar para piqueniques familiares, e se organizavam shows por lá durante o verão. Os convidados especiais do governo e da prefeitura se hospedavam numa residência dentro do parque, e os que tinham dinheiro suficiente podiam comer no restaurante que havia lá ou celebrar um casamento na casa de festas. Minha mãe lembrava dos carrinhos dos vendedores de sorvete e dos grãos-de-bico com molho apimentado, além do cinema que havia perto. Por causa dela eu considerava aquele parque como um lugar fantástico, um espaço que simbolizava a liberdade que um dia o país tivera.

A única coisa que ainda resistia eram os blocos de piso modernos, de concreto. E atrás, orgulhosa, era possível ver a cordilheira Indocuche. Felizmente, nossa montanha resistia imponente como sempre, como se esperasse que, de uma hora para outra, se dirigisse para ela, estrada acima, um furgão de hippies com barbas nada islâmicas, inspirados pela fumaça da maconha mais famosa do mundo. Isso teria sido normal antes, nos anos 1960 e 1970, quando jovens do todo o mundo chegavam ao Afeganistão atraídos por um país autêntico, e havia estrangeiros que ocupavam os salões acarpetados dos hotéis e brindavam com vodca de verdade. Naquele momento, no entanto, os estrangeiros pareciam ter desaparecido — ou pelo menos não os víamos mais —, e ainda demoraria muito para que jornalistas e membros das ONGs passassem a fazer parte da nossa paisagem cotidiana. Tínhamos deixado de ser uma atração turística para nos transformarmos, mais uma vez, num assunto incômodo para o mundo, uma moeda de troca política, uma exceção no mundo que vive e viaja, que faz negócios, visita museus e vai a restaurantes como os que havia em Boguebolá.

Não muito longe do parque, estava o que minha mãe e eu procurávamos: a mesquita. Mas, quando pensamos que podíamos respirar tranquilas, escutamos o estrondoso barulho das bombas. Imaginei que os olhos da minha mãe, enjaulados por trás da rede azul, estavam muito arregalados. Ela apertou minha mão até machucar e me puxou até a primeira casa que encontrou. Pôs-se a esmurrar a porta e gritou:

— Por favor! Abra, por favor! Estou com uma criança, por favor!

Tremendo, eu me escondi dentro da sua burca, e me apertei contra seu corpo com os olhos bem fechados. Minha mãe batia e batia, mas ninguém respondia. Tentou outra porta, depois outra. A rua tinha se esvaziado e ouvíamos de muito perto o barulho dos meus pesadelos, aquele assovio surdo que acabava em estrondo. Depois de um tempo (segundos? minutos?), escutamos o barulho de um trinco e uma porta que se abria, um pouco mais abaixo. Apareceu a cabeça grisalha de um homem e um braço que fazia um gesto para que nos aproximássemos rápido. Apesar das minhas feridas e da obesidade da minha mãe, voamos até lá. Era uma casa, casa mesmo, como quando brincávamos de esconde-esconde. Quando passássemos daquele portão, estaríamos salvas. Aquele homem, com jeito educado, mas com olhos assustados, se dirigiu rápido para o porão. Sem pensar duas vezes, nos enfiamos de corpo inteiro naquele espaço debaixo da terra mal iluminado por quatro velas, e a porta se fechou às nossas costas. Nos sentamos ali mesmo, como se tivéssemos esgotado todas as nossas forças naquele momento.

— Irmã, o que você estava fazendo na rua com uma menina no meio dos ataques? — perguntou o homem.

Minha mãe não conseguia parar de chorar e de me embalar nos braços. Eu olhava em volta e, conforme meus olhos se acostumavam com a penumbra, distingui cinco ou seis adultos, o mesmo número de crianças e um recém-nascido que supreendentemente dormia num cantinho. Eu também sentia uma vontade irresistível de dormir.

— É uma loucura sair com esse perigo... e com uma criança... — o homem continuava a resmungar. — Malia, traz água para a senhora e a menina.

Não comemos mais nada durante o dia e a noite toda. Muito menos falamos com alguém. Para que contar nossa história, que era tão parecida com milhares de outras histórias que todos nós escutávamos diariamente? Mulheres e crianças feridas, desamparadas; gente que estava no meio dos bombardeios e precisava de abrigo; pessoas desesperadas que não tinham nada para comer nem para vestir, que só carregavam consigo medo e tristeza. Nenhuma novidade na Cabul dos anos 1990.

Aqueles porões foram construídos tradicionalmente nas casas afegãs para isolá-las e, por isso, eram muito úmidos. Não eram lugares pensados para morar, e os adultos nem sequer conseguiam permanecer de pé, porque os tetos eram muito baixos. Mas durante as guerras foram refúgio de muitíssima gente por dias e noites. Pessoas que, muitas vezes, não se conheciam, como o nosso caso naquele momento, e provavelmente não voltariam a se ver nunca mais. As conversas eram escassas, e a comida também. Todo mundo resistia bravamente ao incômodo e ao mau cheiro, fruto de dias sem ver água corrente em lugar nenhum. O dono da casa saía de vez em quando para avaliar o estado da rua e, quando o ambiente parecia bastante seguro, ajudava todos a saírem. Às vezes, se fosse apenas uma parada temporária, os próprios habitantes da casa se juntavam aos hóspedes na busca de um novo espaço no qual pudessem se refugiar, em um bairro mais tranquilo. As ruas estavam cheias de grupos de desconhecidos que se uniam para salvar suas vidas conjuntamente.

— Já podemos sair! Agora! — gritou o homem que havia aberto a porta para nós.

— Obrigada, muito obrigada. Que você receba em dobro — minha mãe disse com as mãos no coração, e me empurrou na direção da porta.

O homem não olhava para ela. Estava cuidando para que sua família saísse do esconderijo sem perder tempo e carregando uma bolsa com o pouco que tinham decidido levar. Não nos juntamos ao grupo. Minha mãe tinha decidido continuar em direção ao sul, nos distanciando das montanhas.

Depois de sentir muito medo, você sente um cansaço enorme, um mal-estar que gruda na sua pele como se você estivesse com febre. O medo nos faz adoecer, e não nos acostumamos nunca a ele. E assim, doentes, cansadas e de mãos dadas, andamos em silêncio por um bom tempo até que chegamos a um lugar onde havia pessoas nas ruas, no qual circulavam bicicletas e carros, e algumas lojas estavam abertas. Onde a vida parecia alheia ao que acontecia na guerra. Desviando a vista da padaria, de onde vinha um cheiro de pão quente, e dos quiosques de legumes, que nos faziam lembrar da fome que sentíamos, procuramos uma mesquita e entramos nela. Vimos umas vinte pessoas como nós, descansando nos tapetes e comendo pão e lentilhas. Minha mãe fez com que eu me lavasse na fonte do pátio, e depois conseguimos que nos dessem comida também.

Mais limpas e de estômago cheio, falamos com o mulá* e explicamos que estávamos procurando meu pai. Este era o sistema habitual quando éramos nômades, fugindo dos combates e nos separando e perdendo de vez em quando o rumo uns dos outros. A orientação, nesses casos, era: "Nos encontramos na mesquita de um bairro seguro". O mais inacreditável, numa cidade tão grande, é que costumava funcionar. O mulá, durante a oração, anunciava: "A família Shinwari procura Ahmed Shinwari", por exemplo. Muitas vezes, o próprio Ahmed ou alguém que o conhecia escutava o recado, e a família podia se reencontrar. Caso contrário, os que procuravam podiam esperar lá pelo tempo que fosse, com a certeza de que poderiam se alimentar graças à

---

*Denominação que a pessoa versada no Alcorão recebe em algumas comunidades muçulmanas. (N. T.)

comida que os vizinhos levavam para o mulá e para quem precisasse. Além disso, as mesquitas eram os lugares ideais para se resguardar do frio, porque tinham um sistema tradicional de aquecimento subterrâneo que fazia com que o piso ficasse quente e a temperatura ambiente fosse agradável mesmo nevando do lado de fora.

Naquele dia demos sorte. Um conhecido do meu pai, que sabia onde ele estava, o avisou. Enquanto esperávamos tranquilas, minha mãe falou com uma mulher que parecia familiar, mas ela não sabia de onde, e eu me distraí olhando umas meninas que pulavam corda. Nem sequer me passou pela cabeça pedir para brincar com elas. A dor e as queimaduras teriam me impedido... isso considerando que as meninas não tivessem se assustado com minha aparência e me aceitassem, algo improvável levando em conta a forma como me olhavam. Não conseguia me acostumar com a rejeição, e cada olhar atravessado me despedaçava por dentro.

Meu pai demorou muitas horas para chegar. Eu adoraria ter dado um abraço nele e contado tudo o que tinha acontecido conosco, não fosse o fato de, naquele dia, eu ter notado que seu olhar estava estranho, como se me avisasse que não era uma boa ideia me aproximar dele. Minha mãe interceptou o olhar e a hesitação e, com cara de preocupação, segurou minha mão e tratamos de segui-lo sem dizer nada.

A relação entre meu pai e minha mãe era difícil. Conheceram-se quando minha mãe acompanhou sua irmã e seu sobrinho ao hospital no qual meu pai tinha consultório. Para ele, ela parecia uma moça decidida e responsável, e também se sentiu atraído por seu olhar inteligente e astuto. Sem a família por perto, meu pai precisou que uns amigos fossem pedir sua mão por ele. Acertaram-se muito rápido, e ele esperou ansioso o dia do casamento. Mas sua mulher não era como ele imaginava. Era inteligente e trabalhadora, sim, mas não sabia ler nem escrever, e não tinha nenhum interesse em ter vida social, usar vestidos bonitos e ter uma vida ativa fora de casa, como algumas esposas dos seus companheiros de trabalho. E, para seu gosto, era religiosa demais. Meu pai se sentia muito frustrado, e minha mãe não suportava que ele a pressionasse para parecer alguém que não era. Por isso, depois de muitas brigas, ele acabou concentrando todas as suas energias em Zelmai, sua esperança. E de vez em quando também agradecia porque suas filhas tinham seguido por um bom caminho. O que significava que: não eram como a mãe.

Um campo no meio do nada

— Nome?

— Ghulam.

— Quantos são?

— Três. Dois adultos e uma menina.

— Estão vindo de Cabul?

— Sim.

O homem foi anotando tudo o que eu dizia, num papel preso por um grampo enferrujado numa pasta metálica. Depois olhou uma planta baixa que estava aberta em sua mesa, cheia de retângulos desenhados, faixas, números e letras que eu não entendia. Procurou um ponto com o dedo e anotou algo a lápis.

— Peguem um pacote ali e já podem se instalar na sua tenda, que é a número quarenta e três do setor C. Repito: quarenta e três. Vocês só podem pegar água no setor C. E muito importante: não tentem fazer isso onde não é o seu lugar, entendido? Próximo! Nome?

Saímos da fila. Minha mãe se aproximou de uma quantidade enorme de embrulhos plastificados e etiquetados com as letras das Nações Unidas e pegou um. Eu já estava com vontade de abri-lo para saber o que tinha dentro dele. Fazia tanto tempo que não ganhávamos um presente de verdade! Antes, quando terminava o Ramadã e celebrávamos uma festa de Aíd, todas as crianças ganhavam brinquedos novos ou, no mínimo, alguma roupa para estrear quando íamos à casa de alguém, ou quando os amigos e a família iam à nossa casa comer algo... Que emocionante era rasgar os embrulhos e ver o que nossos pais tinham comprado!

Mas já fazia algum tempo que não eram nossos pais que nos davam presentes, mas as organizações estrangeiras (as Nações Unidas, que sempre faziam coisas de cor azul, a Cruz Vermelha e muitas outras com combinações variadíssimas de letras); e não eram vestidos com bordados e lantejoulas de que nós gostávamos tanto, mas óleo de cozinha, farinha, arroz... Mesmo assim, sempre traziam uma boa notícia e as crianças ficavam felizes quando os recebiam, embora tivéssemos que ficar horas e horas na fila.

Pouco depois fomos saber que aquele embrulho de plástico continha quatro lençóis, uma chaleira e uma panela de lata e um miniforno rudimentar para cozinhar, que funcionava a gasolina. Com isso, tínhamos que viver naquele campo de refugiados enorme em Jalalabad. Jalalabad é um oásis, uma cidade próspera rodeada de terra fértil, mas o campo estava situado longe o suficiente para que nem sentíssemos o cheiro do oásis: o terreno onde se erguia aquela aldeia de barracas era puro deserto. Isto é: pedras, poeira, escorpiões, cobras e um sol inclemente, sem uma única árvore que amortecesse seus raios.

Quando entrou lá, minha mãe começou a sentir saudade de Cabul. Era difícil para ela suportar aquele campo tão cheio de desconforto, se entediava entre vizinhos que só falavam *pashtun* — uma língua que ela não entendia, embora fosse a do seu marido —, e sofria muito por mim, porque o calor e a falta de higiene pioravam cada vez mais minhas feridas, algumas delas ainda abertas.

Minha mãe fez tudo o que pôde para que ficássemos da melhor forma possível: fez colchões enchendo os lençóis com roupa velha;

conseguiu que sua irmã se instalasse com toda a família no mesmo campo, incluindo minhas irmãs mais novas, que estavam com ela; aprendeu a fazer permuta... mas não se adaptou nunca, e sempre sonhava em voltar. Resistia só porque sabia que a permanência naquele campo, no meio do caminho entre Cabul e Paquistão, era temporária, até que conseguíssemos atendimento no prestigiado hospital de Jalalabad administrado por uma ONG alemã. Diferentemente de muitos outros habitantes do campo, refugiados que só pensavam em sair do país, nós esperávamos que os médicos me ajudassem para depois poder voltar para a nossa cidade. Ir embora do país era inconcebível porque minha mãe não queria que Zelmai algum dia nos procurasse em Cabul e não nos encontrasse. Meu pai ficava calado.

A estadia no campo não durou apenas alguns dias. Primeiro, tivemos que aprender como tudo funcionava, nos adaptamos ao pequeno espaço que tinham designado para nós, e depois pesquisamos onde estava o hospital, como era possível chegar até lá e como podíamos conseguir o dinheiro necessário para fazer as coisas. Tudo era complicado e exigia tempo: tínhamos que perguntar, observar como os outros faziam e nos arriscar a tentar. Sem manual de instruções. É verdade que cada bloco no qual o campo se dividia tinha um representante e, provavelmente, uma das suas funções seria tirar dúvidas; mas desconfiávamos profundamente de todo mundo que estivesse em qualquer posição de poder, e nem nos passou pela cabeça ir consultá-lo. Éramos filhos da guerra, estávamos acostumados a nos virar sozinhos e a começar de novo.

Dessa forma, perguntando aqui e ali, soubemos que o campo tinha uma escola, organizada por professores refugiados, uma mesquita, mas que ainda não tinha paredes e só estava delimitada por pedras grandes. O outro ponto importante que tínhamos que levar em conta era a fonte que o homem que nos inscreveu no dia em que chegamos tinha mencionado. Aquela fonte era um imenso depósito circular com quatro torneiras — uma para cada bloco — que os bombeiros enchiam regularmente. As filas para pegar água eram quilométricas, e logo se transformaram na minha principal obrigação. Eu passava muitas horas lá, avançando centímetro por centímetro com meus galões de gasolina vazios e lavados com cuidado por minha mãe quando os pegamos, abandonados por algum veículo que tinha passado na estrada próxima ao campo. Eu esperava na fila e, quando já estava perto da torneira, pedia que alguém avisasse à minha mãe para que ela deixasse meu pai e minhas irmãs menores e fosse me substituir, porque eu não conseguia carregar o peso de dois galões cheios.

Para conseguir comida havia dois modos principais: um era pedir ajuda na mesquita ou na tenda do representante do bloco no dia em que havia distribuição — normalmente um dia depois de aparecerem os caminhões azuis com as letras "un" vindo pela estrada —, e a outra era comprar nos postos construídos em junco que as pessoas de Jalalabad e seus arredores montavam nas portas do campo. Quase sempre eram camponeses que ofereciam frutas e legumes, leite e ovos. Produtos frescos que eram um luxo naquele lugar onde a maioria tinha chegado com uma mão na frente e outra atrás e que, a princípio, não tinha como pagá-los. No início, no entanto, só comíamos as quatro coisas que as Nações Unidas nos davam.

Mas, pouco tempo depois, descobrimos que a farinha que os refugiados recebiam da onu — junto com as lentilhas, óleo, açúcar e chá — era uma moeda de troca aceita por todo mundo. De modo que frequentemente minha mãe diminuía a quantidade do nosso pão para adquirir outros produtos que faziam falta. Por exemplo, de vez em quando comprava iogurte para mim e minhas irmãs, que ainda eram muito pequenas — embora o preço fosse altíssimo: um pote de iogurte era pago com três potes de farinha —, e às vezes também era necessário negociar a farinha para se conseguir artigos de primeira necessidade, como roupa, uma concha de sopa ou uma escova. Cada coisa supunha um pão a menos, mas não reclamávamos: pela primeira vez em muitos meses não passávamos fome. E chegamos até a criar galinhas.

O que não pudemos resolver facilmente foi a questão do combustível: para conseguir a lenha de que precisávamos para acender o fogo, tínhamos que caminhar duas horas debaixo de um sol inclemente.

E naquele campo também encontrei pessoas que me rejeitavam com cara de nojo por conta do meu aspecto. Acho que eu impressionava, com o rosto cheio de crostas que sangravam facilmente, e a cabeça meio queimada e descoberta. Um dia, inclusive, sem me mexer na fila da água, cheguei a ter que aguentar uns meninos que tentavam fazer pontaria com pedrinhas na minha boca aberta por conta das feridas. Encontrei a mesma hostilidade em todos os lugares e tive que viver momentos de muita amargura. Mas, apesar disso, eu gostava de viver no campo dos refugiados. Ali as crianças eram livres para correr por todo lado. Nós nos acostumamos rápido com o campo, e não sentíamos falta de Cabul, cheia de normas e medo, de paredes e de bombas que podiam fazê-las cair. Alguns, inclusive, descobriram uma distração a qual logo aderi: passar o pente fino nos arredores do campo para recolher pedaços de bombas que tinham caído havia algum tempo, e vender aquela sucata nas lojas de Jalalabad. Embora não ganhássemos quase nada, nos esforçávamos com entusiasmo: cada centavo era muito importante para nossas famílias. Mas, um dia, aquela tarefa passou a ter um significado diferente para mim, quando um menino me perguntou:

— O que você está fazendo?

— Estou procurando pedaços de ferro, não está vendo? — respondi, surpresa.

— E o que vai fazer com eles?

— Vou levar para Jalalabad, porque eles compram lá.

— Que ideia é essa? Você não está vendo que eles transportam o ferro para o Paquistão e lá fazem mais bombas que talvez vão cair na sua cabeça?

Nem tinha pensado nisso. Impressionada, esvaziei no chão a bolsa que eu usava e voltei para minha tenda. Enquanto me afastava, me virei e vi aquele menino recolhendo a sucata que eu acabara de abandonar.

O HOSPITAL DE JALALABAD

CONSEGUIMOS ENTRAR NO HOSPITAL DE JALALABAD como em qualquer outro lugar: depois de enfrentar uma fila maior que a de um dia sem pão. Meus tios ficaram cuidando do meu pai e das minhas irmãs, e minha mãe me acompanhou. Pegamos um ônibus de noite ainda, e às sete da manhã já estávamos diante da porta do hospital... com dezenas de pessoas na nossa frente.

Quando finalmente chegou a nossa vez, a enfermeira que avaliava o estado dos pacientes deu uma rápida olhada em mim. Minhas feridas, ainda abertas, estavam sujas. Tinha a metade do rosto e da cabeça queimados, e meu cabelo não crescia. Faltava pele no meu queixo e era possível ver meus dentes e gengivas; tinha um buraco no antebraço, e o fogo tinha deixado um dedo grudado na palma da mão direita e, por isso, ela estava quase inutilizada. O quadro devia ser tão horrível que a enfermeira, apesar de estar acostumada a ver feridos de todo tipo, deixou escapar uma expressão de espanto, e decidiu pular a burocracia e me fazer entrar imediatamente para começar os tratamentos.

Para mim, aquele hospital era como um sonho. Paredes limpas, quartos com quatro pessoas e camas altas, comida variada três vezes ao dia... Pena que as vagas eram escassas demais para tantos doentes e feridos e, entre uma operação e outra — foram cinco —, tinha que voltar ao campo logo depois de me recuperar da anestesia, quando os médicos tinham certeza de que tudo evoluía bem. De forma que tinha que esperar a operação seguinte dentro de uma tenda poeirenta no meio do deserto, enfaixada como uma múmia e com dor, bebendo chá, basicamente, e comendo pão molhado. Os médicos disseram que teria que voltar ao hospital todas as terças-feiras para fazer os tratamentos e trocar as ataduras, mas isso era quase impossível com a minha situação familiar e levando em conta que subir no ônibus de graça — não podia fazer de outra forma — dependia da boa vontade do motorista naquele horário. E nem todos estavam dispostos a permitir isso.

Lá eu sofria muito, mas também recebia algo incomum: elogios. Os médicos estrangeiros e as enfermeiras, nativas, sempre me elogiavam por ser uma menina corajosa, que ia sozinha ao hospital e segurava as lágrimas, quando a maioria dos pacientes, e os parentes que os acompanhavam, gritavam sem se reprimirem. Eu sempre pensava que não era corajosa de jeito nenhum, mas que não adiantava nada eu chorar se minha mãe não estava lá para me consolar. A única coisa que fazia com que me sentisse melhor era comprovar os pequenos avanços que realizava: a bochecha que foi reconstruída e que fez com que meu rosto recuperasse uma forma mais normal; o dedo que havia ficado grudado e que, quando foi separado, pude mexer com mais liberdade...

Eu ficava animada ao ver como melhorava dia após dia, e como conseguia comer e andar com mais facilidade, mas não tinha muitas ilusões de voltar a ser como era antes.

Depois das operações e dos tratamentos, me apressava para ir dormir dentro do saco que minha mãe tinha costurado com retalhos. Todas as noites ela me fechava por fora, como se fosse um saco de batatas, para que nenhum animal que andava pelo campo me incomodasse. Essa roupa de cama — que teve que ir se alargando conforme fui crescendo — era tão especial que se transformou numa atração observada por dezenas de vizinhos do campo.

Eu, em vez de ficar angustiada por estar confinada, me sentia protegida e feliz.

Faringite e ovos mexidos

Não fui a única da família que experimentou os "luxos" do hospital. Uma manhã, meu pai acordou gemendo. Estávamos acostumadas que ele agisse de forma estranha — às vezes, ficava calado por dias inteiros, olhando fixamente para o nada; às vezes, queria bater na minha mãe; às vezes, feria a si mesmo —, mas naquele dia foi diferente. Rejeitou o café da manhã e não quis sair da cama. Depois de um tempo, começou a tremer e a reclamar que sentia muito frio. Frio, naquele deserto que parecia um forno aceso desde as sete horas da manhã! Eu me aproximei dele com um pouco de medo — nunca se sabia como ele iria reagir — e toquei sua testa: estava fervendo. Não tínhamos nada para dar a ele.

— Nadia, você vai ter que acompanhar seu pai ao hospital.

Minha mãe olhou dentro da grande caixa de latão na qual guardávamos a farinha, resguardada dos animais e da poeira. Era um lugar sagrado, o ponto mais importante da despensa e, ao mesmo tempo, nossa caixa de economias. Por sorte, fazia poucos dias que tinha ocorrido a distribuição das Nações Unidas, e tínhamos farinha suficiente para comprar as passagens de ônibus e, inclusive, alimentos frescos na cidade, que sempre eram mais baratos que nas barraquinhas que os camponeses montavam perto do nosso campo. Minha mãe saiu para "trocar" farinha por passagens e, quando voltou, meu pai e eu já estávamos prontos para nossa jornada: ele, agasalhado com um cobertor, como se estivéssemos no polo norte, e eu rezando para que tudo desse certo. Não gostava nem um pouco da ideia de ir sozinha com meu pai, mas nem passou pela minha cabeça reclamar.

Por sorte, o diagnóstico foi benigno: uma simples dor de garganta. Nada que não pudesse ser curado com um antibiótico comum. Quando saímos do hospital, com o vidro de xarope bem guardado no bolso da camisa do meu pai, respirei aliviada. Vamos conseguir sair dessa! Ele já começava a se sentir bem, graças ao antitérmico que havia tomado, e também deixara de sentir frio, ou seja, podíamos comprar tranquilamente tudo o que tínhamos previsto: quatro ovos, um molho de cebolinha, uma couve-flor e uma garrafa de óleo para o lampião que tínhamos. E com todos esses mantimentos, pegamos o caminho de volta.

Quando o ônibus abriu suas portas na frente do campo, meu pai desceu antes de mim, que me distraí um momento para pegar a bolsa com os legumes e o óleo. E, quando eu estava colocando o pé no chão, escutei uma pancada muito forte. Quase que o meu coração parou quando me dei conta de que tinham atropelado meu pai, que mais uma vez atravessara a rua sem olhar. Dois carros enormes tinham parado um pouco à frente, e uns homens bem-vestidos desceram deles. Disseram-me que eram seguranças do irmão do governador de Jalalabad, que também viajava naquela comitiva. Nós todos corremos para onde meu pai tinha caído, e o encontramos cheio de sangue e meio inconsciente. Eu quase desmaiei também, de medo.

Os homens do carro comprovaram que ele não estava morto, e se prepararam para seguir seu caminho.

— Ei! Aonde vocês vão? Voltem aqui! — gritei para eles com lágrimas nos olhos.

Os homens fingiram que não escutaram.

— Voltem! Voltem, seus malditos!

Ao ver que não me davam ouvidos, fiz a primeira coisa que me passou pela cabeça para detê-los: deitar na estrada, na frente do carro. Estava cega de aflição, e aquela sensação fazia eu me sentir mais corajosa, ou mais inconsciente. O fato é que os seguranças acharam engraçado que uma pirralha como eu os enfrentasse. E, em vez de me tirarem do caminho de uma vez, decidiram me ajudar. Eles nos ajudaram a entrar no carro. Eu coloquei a cabeça para fora da janela para acalmar meu coração acelerado. Por um momento, eu me senti poderosa.

Em pouco tempo, meu pai e eu estávamos de novo na entrada da emergência do hospital. E, pela segunda vez naquele dia, pude respirar aliviada. O sangue no peito dele, que tinha me assustado tanto, era apenas fruto dos cortes — não muito profundos — que os cacos do vidro do xarope tinham causado quando se despedaçou por conta do acidente. Além disso, só tinha um braço quebrado e alguns hematomas. De qualquer maneira, estava tarde e o médico aconselhou ao meu pai que passasse a noite no hospital.

— Isso, não, de jeito nenhum!

O médico e a enfermeira me olharam atônitos. Como podíamos rejeitar uma cama limpa, comida e remédios? Por acaso tínhamos um plano melhor? Com certeza era o mais adequado ao meu pai — e o que eu teria adorado também! —, mas não podia deixar de pensar como a minha mãe sofreria se não voltássemos naquela noite. Fiquei mais teimosa que uma mula, e o médico não teve outra alternativa a não ser nos deixar ir embora: pior para nós!

Já tinha anoitecido quando um homem e uma menina, meu pai e eu, sujos e esfarrapados, percorremos o caminho de volta para casa. Nessa segunda vez eu não quis arriscar e dei a mão a ele desde o momento em que o ônibus parou até chegarmos à porta da barraca. Depois daquele dia tão longo e assustador, eu só sentia vontade de me enfiar na cama.

A última coisa de que me lembro, antes de cair morta de sono, é do delicioso cheiro de ovos mexidos com cebolinha...

A HORA DA VERDADE

VIVEMOS NO CAMPO DE REFUGIADOS POR mais de um ano, mas tudo o que eu recuperava graças aos tratamentos dos médicos alemães, que trabalhavam com o apoio da Cruz Vermelha, perdia por culpa do calor, da poeira e da sujeira que infectavam minhas feridas. E um dia minha mãe decidiu que já estava farta daquilo: voltaríamos para Cabul.

O curioso é que, apesar de não ter residência fixa, nem escola, nem trabalho, aquela vida na cidade, que era um caos, já parecia normal, quase rotineira para nós. A rotina incluía, claro, as visitas frequentes aos postos de saúde, para reparar os efeitos da falta de remédios, e de água e sabão, no meu corpo. Algumas feridas não melhoravam o suficiente e, pouco tempo depois, me internei de novo num hospital, e minhas irmãs voltaram a viver outra temporada com nossa tia.

Eu me preparei para o desconforto da anestesia, o sono interrompido, a dor e as horas de tédio, mas o que não suspeitava era que, muito em breve, entre aquelas paredes brancas, seriam pronunciadas as palavras que mudariam nossa vida para sempre.

Aquela era a oitava vez que eu passava pela sala de cirurgia e voltava a ficar enfaixada de cima a baixo com ataduras imaculadas, debaixo das quais purgavam as cicatrizes que acabavam de costurar de novo. Meu corpo estava esgotado; eu toda já estava cansada de tanto sofrer. E só minha mãe me acompanhava, e ela, mais uma vez, teve que se separar das suas filhas menores. Um pensamento me martelava a cabeça: "Vou morrer aqui. Por que ninguém mais vem me ver?".

Meu pai foi um dia, sozinho. Envelhecia a olhos vistos e, definitivamente, não era mais o pai que eu tinha conhecido. Eu comecei minha ladainha:

— Papai, pede para o Zelmai voltar, por favor. Eu não estou bem, e queria muito vê-lo.

Meu pai me olhou fixamente, como se estivesse tomando coragem, e me disse:

— Nadia, Zelmai não vai voltar. Mataram ele.

Duvidei por alguns segundos, tentando descobrir se aquilo era uma invenção, já que fazia algum tempo que ele parecia incapaz de manter um discurso coerente. Mas não parecia delírio. Parecia, sim, que segurava as lágrimas. Ele me dizia a verdade. Meu irmão, meu herói, meu amigo, estava morto!

Escutei sua história sem conseguir respirar e, quando ele terminou, me disse:

— Não diga nada para sua mãe.

Desabei na cama. Senti um frio glacial e um peso tão forte no peito que não conseguia nem piscar. Estava paralisada, incapaz de dar conta da notícia, e menos ainda de mim mesma. Então, perdi a consciência e, quando a recuperei, não sei quantas horas depois, vi que, no lugar onde meu pai estava, agora encontrava-se minha mãe. Parecia um sonho, mas a dor no peito me lembrou de que não era. E eu não podia dizer nada... Agora, sim, estava sozinha, e só os meus pensamentos sobre a morte me consolavam: com certeza eu morreria naquele dia, ou no dia seguinte. Então não valia a pena sofrer muito.

Mas Zelmai era muito importante para ser deixado para trás.

A PAZ DOS TALIBÃS

— A GUERRA TERMINOU! Os *mujahidin* foram embora!

A notícia corria como um rastro de pólvora pelo hospital. Os talibãs finalmente tinham cessado fogo. Os combates nas ruas haviam terminado, e também a corrupção, os estupros e o medo de andar pela cidade. Agora poderiam voltar do exílio os amigos e familiares dos quais sentíamos saudades! Com os talibãs, naquele 1996, se anunciava a paz no Afeganistão. E para que não restassem dúvidas sobre quem mandava agora, se atreveram a fazer o que os *mujahidin* não tinham feito: entraram na sede da ONU, na qual estava refugiado havia quatro anos Najibullah, o ex-presidente comunista, e o enforcaram. Para meu pai, que o adorava, foi um golpe enorme; minha mãe me explicou que ele chorava ao vê-lo na televisão da casa da minha tia.

— Com isso, puseram sal na ferida do seu pai... — dizia minha mãe, preocupada. Mas para os outros, o ambiente era de festa. Inclusive parecia que nós, os feridos, nos sentíamos um pouco melhor. Tínhamos vontade de sair para poder ver o novo país que nos prometiam...

— Soraya! Sabia que a guerra terminou?

Soraya era a ajudante do meu médico, que era estrangeiro e precisava de uma intérprete. Era muito amável: minha preferida no hospital. Diferentemente de todo mundo, ela não parecia feliz.

— O que aconteceu, Soraya? Você não está feliz que estamos em paz?

— Claro, Nadia! Mas... — Ela se aproximou de mim e, com a voz bem baixa, completou: — É que vou ter que ir embora. Os talibãs não querem que as mulheres trabalhem.

Foi a primeira a estragar a festa.

Logo ficou claro que não apenas impediriam as mulheres de trabalhar como também estava proibido que os médicos homens atendessem as mulheres. Seguindo Soraya e suas companheiras, todas as meninas teriam que sair do hospital. Dia após dia, quando chegavam notícias sobre as políticas do novo governo, a preocupação foi tomando o lugar da euforia. "Dizem que é obrigatório que as mulheres andem de burca e os homens usem uma barba grande", "dizem que está proibido que as mulheres façam barulho ao andar e que não podem rir em público", "dizem que a música, a dança e os filmes estão proibidos".

A princípio, as mulheres receberam aquelas restrições como um mal menor diante do fato de ganhar segurança em troca. Eu mesma já tinha presenciado como um taxista tentara atacar a minha mãe, e como meu pai tinha voltado sem nada de uma delegacia na qual fora pedir ajuda porque os policiais lhe roubaram tudo. Acreditávamos que qualquer coisa seria melhor que o terror e a guerra, mas não podíamos nem suspeitar o preço caro que teríamos que pagar por isso.

Não era uma amante, era a tristeza

A ausência de Zelmai era um ruído que interferia em tudo. O segredo pesava muito para mim, e meus pais, cada um a seu modo, continuavam dependentes dele.

Meu pai não me visitava quase nunca e passava os dias entregue ao seu luto. Minha mãe o esperava no hospital para que ele a rendesse de vez em quando, para que ela pudesse ver suas outras filhas, mas ele nunca chegava. Finalmente, minha mãe ia buscá-lo e, assim que o encontrava, explodia:

— Sou eu que tenho que fazer tudo! Você me deixa sozinha!

— Eu não posso fazer nada! Deixa a Nadia morrer! Não posso seguir adiante sozinho com três meninas e uma mulher!

— Não tenho nenhuma intenção de deixar Nadia morrer. Se você não pode me ajudar, que venha Zelmai.

— Mandei ele para um lugar.

— Onde ele está? Sou a mãe dele, tenho o direito de saber!

Meu pai cerrava os dentes e a alfinetava:

— Você não tem direito a nada.

Ela voltava para o hospital destruída. Sofria por Zelmai, e suspeitava que se seu marido a tratava tão mal, era porque tinha uma amante. As outras mulheres tentavam animá-la:

— Tenha um pouco de paciência. Os homens são assim. Você já vai ver que seu filho está bem, e que seu marido só sofre porque não quer que aconteça a mesma coisa que aconteceu com a Nadia.

Mas algo dizia para minha mãe que seu filho não estava nada bem, e isso a aborreceu a ponto de provocar problemas no coração. Finalmente, durante uma dessas discussões ácidas, meu pai confirmou seu pior pressentimento.

Então, ele nos contou o que tinha acontecido: poucos dias depois de serem roubados junto com o taxista, Zelmai saiu para comprar fruta, numa tarde, e não voltou. Meu pai passou a noite esperando, mas só conseguiu ficar cada vez mais nervoso. No dia seguinte, saiu pelo bairro perguntando a todo mundo: vendedores, mendigos, taxistas; depois procurou um pouco mais longe, e nada. Teve que voltar para a casa em que estavam na época, com meus tios e primos, consumido pela angústia. Mas antes de chegar, um homem se aproximou, muito calmo, e disse a ele simplesmente:

— Irmão, seu filho está morto.

Morto... O homem contou a ele que tinha reconhecido o cadáver. Ao que parece, roubaram Zelmai e o mataram a tiros não muito longe de casa. Estava abandonado na rua havia dois dias sem que ninguém o tivesse tirado dali. Meu pai agarrou o homem pelo pescoço com vontade de estrangular o mensageiro. Mas se conteve, o soltou e disse:

— Desculpa... Por favor, me leva até onde meu filho está.

Meu pai, sozinho, cuidou de Zelmai. Levou-o ao cemitério e fez com que o enterrassem sem avisar ninguém da família. Chorou todas as lágrimas que tinha e ficou seco.

Naquele dia começou a perder a cabeça. O mundo começou a aborrecê-lo, parecia um lugar detestável, por ter levado o que ele mais amava. Não queria saber de ninguém e se fechou em si mesmo, bloqueado pelo desespero. Era insuportável para ele digerir aquela situação, então simplesmente decidiu tentar ignorá-la.

Minha mãe tirou um grande peso de cima dele quando soube que Zelmai estava morto. Só pediu uma coisa: visitar sua tumba. Lá chorou, chorou e chorou. E dessa forma, pôde começar a seguir em frente.

Eu também me sentia aliviada, porque Zelmai deixava de ser um fantasma entre todos nós para se transformar numa lembrança triste, mas querida. A situação tinha se esclarecido: agora éramos uma família de cinco pessoas. Meu pai, cada vez mais alienado; minha mãe, que nunca tinha tido responsabilidades fora de casa; eu, que tinha onze anos; Rosiá, de seis, e Orzó, de quatro, que foram criadas pela minha tia desde aquele dia em que tinha caído uma bomba em nossa casa, havia dois anos, e que eram praticamente duas estranhas para mim.

A DECISÃO

SENTI QUE ERA EU QUEM DEVIA fazer alguma coisa. E uma noite, um pouco depois que minha mãe soube da morte de Zelmai, encontrei uma solução que talvez nos ajudasse a superar tudo aquilo. Ela dormia apoiada na minha cama do hospital, e minha inquietação — me virava para a esquerda e para a direita e voltava a me agitar — acabou fazendo com que ela acordasse:

— Nadia, você não está dormindo? O que você está fazendo com os olhos abertos?

O estômago roncava. Aquele dia eu só tinha tomado um pouco de água de arroz, mas não estava sem sono por causa da fome. Fazia dias que eu estava matutando sobre aquela questão, e agora decidira enfrentar o problema. Era o momento de tomar decisões. Senti um nó na garganta quando finalmente disse:

— Tenho que falar contigo.

Minha mãe notou que o assunto era suficientemente importante para começar uma conversa de madrugada. Levantou-se com esforço e bufando. Passou os olhos ao seu redor e viu que a sala estava tranquila. Pelo menos uma vez podíamos nos falar sem que ninguém metesse o bedelho.

— Mamãe, não podemos viver assim, sem dinheiro. Não posso me casar, porque com estas queimaduras no corpo ninguém daria nem um tostão por mim... Zelmai se foi, e papai não consegue fazer nada. Ou seja, não me resta outra alternativa a não ser trabalhar.

— Mas, minha filha, você ainda é uma menina! Por acaso não escutou que os talibãs nos obrigam a ficar em casa? Como é que você quer trabalhar?

— Terei que me fazer passar por um menino.

Minha mãe ficou muda por uns instantes. Depois disse, resolvida:

— Não.

Naquela noite discutimos muito, sem levantar a voz. Ela resistia à ideia de me deixar fazer algo tão perigoso. Já que não era viável que eu me casasse, minha mãe falou da possibilidade de prometer uma de minhas irmãs. Com isso, conseguiríamos algum dinheiro. Mas nós duas conhecíamos histórias horríveis que tinham começado assim. Como a de uma prima minha de dez anos que, não fazia muito tempo, prometeram a um homem de mais de trinta que não tinha uma perna. Em circunstâncias normais, o casamento teria sido celebrado anos depois, quando a menina tivesse crescido, mas aquele homem disse que queria que fosse logo, porque em tempos de guerra não havia tempo a perder. Os gritos e a choradeira daquela criança fantasiada de noiva ainda ressonavam nos nossos ouvidos e nos davam calafrios.

Não podíamos arriscar que acontecesse uma coisa parecida. Além disso, minha mãe sabia tão bem quanto eu que, se eu não trabalhasse, teríamos que pedir esmola e passar fome. Ou seja, foi a última vez que se questionou aquela decisão. Agora, a única coisa que faltava era encontrar a roupa adequada e conseguir a cumplicidade do meu pai, cuja reação não dava para prever, e das minhas irmãs, que eram tão pequenas que seria difícil que guardassem um segredo tão importante.

Quando o sol nasceu, minha mãe e eu não falávamos mais, também não dormíamos: tínhamos ficado em silêncio com os nossos pensamentos. Eu, de vez em quando, era invadida por dúvidas como: "O que vai acontecer se alguém me reconhecer na rua?", ou "O que farei quando as pessoas perceberem que nem o meu bigode nem a minha barba crescem?". Mas rapidamente tirava isso da cabeça. A única coisa que eu tinha era o presente. Uma coisa de cada vez. Além do mais, me consolava pensando que os talibãs acabariam deixando as mulheres trabalharem, e então poderia voltar a ser eu mesma. Muito antes de chegar a idade em que crescem pelos no rosto dos meninos, pelo menos era o que eu esperava.

Vida nova

Os médicos estrangeiros foram os primeiros a ir embora. O hospital esvaziava.

— Hoje você vai voltar para casa, não está com esperança?

Olhei nos olhos da enfermeira afegã, que tinha uma vozinha fina e ridícula, como de desenho animado. Sorria para mim com os dentes tortos, e me deu raiva que se fizesse de simpática agora que eu ia embora, que todos nós íamos embora. Talvez eu não tivesse sido muito amável com ela durante minha estadia naquele hospital, mas me doía o corpo todo e tinha acabado de receber a pior notícia da minha vida. Que desculpa ela tinha para ter me tratado como um cão sarnento?

Sustentei meu olhar até que seu sorriso murchasse, e não respondi. Minha mãe estava do meu lado, preocupada, e no final foi ela quem se despediu rapidamente e agradeceu, olhando-me de esguelha, como se tivesse medo de que, de um momento para o outro, eu fosse pular no pescoço da enfermeira. Vontade não me faltava.

Como podia falar de esperança? Para voltar para onde? Qual casa? Eu estava cansada de hospitais, mas *esperança* me parecia uma palavra vazia, quase uma ofensa. Além disso, começava a descobrir, perplexa, que sair me dava muito medo, que quase — quase — preferia voltar ao inferno familiar das operações a enfrentar minha nova vida. Já não podia me permitir ficar escondida debaixo dos lençóis e chorar durante horas pela dor interminável, lacerante, das minhas feridas, nem pela infância que me fora roubada de forma tão violenta.

Tínhamos compartilhado muitas horas e muitas coisas com algumas pessoas daquele quarto de hospital. A mais divertida era uma menina que tinha ficado cega quando um poste de eletricidade caiu em sua cabeça. Ela e sua tia, que era muito piadista, sempre nos faziam rir. Outras pessoas eram mais tristes, como aquela cuja perna amputaram, ou a que sempre reclamava da dor que causava a bala que tinha alojada no joelho. E, principalmente, eu sentia pena de Sarafshan: prometida desde que nasceu, ao crescer negou-se a se casar com o rapaz que tinham designado para ela e, uma noite, a família dele se vingou da humilhação cortando o nariz dela. Aquela menina, que era do Nurestão, não entendia nossa língua e parecia muito desamparada, embora sua mãe estivesse sempre ao seu lado.

Antes de nos separarmos, foi exatamente a mãe de Sarafshan que me ofereceu comida.

— Se você não tiver algo no estômago, não conseguirá chegar a lugar nenhum.

Saboreei as batatas com molho bem amassadas com garfo que aquela mulher me deu. Ela e minha mãe se despediram chorando e desejando sorte uma à outra. Eu olhei para a menina para me despedir, mas ela virou o rosto, chateada porque deixávamos as duas lá. Pelos buracos que ficavam entre as ataduras que protegiam o nariz reconstruído, dava para ver olhos verdes cheios de lágrimas. E não voltaríamos a nos ver.

Minha mãe recolheu os lençóis e os quatro utensílios de limpeza e cozinha que tinha, e saí com ela e meu pai do hospital para ir a algum lugar. Ao atravessarmos a porta, parei. Queria ver a nova Cabul, mas não encontrei nada que anunciasse uma cidade mais feliz. Casas destruídas, bicicletas, algum carro soviético que avançava capengando, crianças empoeiradas e esfarrapadas, ruas esburacadas pelas bombas e por anos de negligência, o esqueleto de um hotel com os restos absurdos de um anúncio da Kodak... Levantei os olhos para procurar um ponto de referência, alguma coisa conhecida que a guerra não tivesse apagado, que mostrasse que minhas recordações de antes do ataque à minha casa eram reais, que eu não tinha imaginado aquele passado feliz. Só encontrei o céu azul, frio, indiferente. Se ao menos tivesse visto o serpentear de uma pipa... mas não pude ver nenhuma porque os talibãs, na sua loucura, também tinham proibido o brinquedo mais querido das crianças da cidade. E do meu irmão.

De repente, minha mãe puxou o meu braço e me fez gritar. Algumas burcas se viraram, sobressaltadas.

— O que você está fazendo? — sussurrou, nervosa, por trás da rede azul que tapava seus olhos. — Vamos depressa, antes que alguém repare muito em nós.

Estar parada olhando o céu poderia ser considerado um crime? Pelo que tínhamos escutado, dependia do humor dos talibãs naquele dia: qualquer coisa podia significar uma ofensa a Alá e a seus guardiões. Felizmente, não tinha nenhum deles por perto. De qualquer maneira, o que poderiam ver em nós? Um homem prematuramente envelhecido, de olhar perdido; uma menina pequena com o rosto desfigurado pelo fogo, e uma mulher coberta por uma burca. Um grupo que não destoava do ambiente lamentável da cidade.

Antes, quando eu pensava no dia em que, finalmente, deixaria para trás as operações e voltaria para casa, só pensava no colchão que dividia com minha mãe e o jardim onde reencontraria as risadas de Zelmai. Mas, naquele dia, nossos passos, lentos e inseguros, nos levaram a outra rua, bem longe daquela na qual eu crescera.

— Vamos para a casa da sua tia para buscar suas irmãzinhas e ver se podemos ficar por lá algum tempo — disse minha mãe.

Minha tia fez uma cara de surpresa quando abriu a porta e nos perguntou o que fazíamos lá.

— Não sabemos para onde ir — respondeu minha mãe, apertando as mãos dela e olhando para baixo.

Dos sete filhos da minha tia, os cinco casados tinham fugido. Só sobravam com ela um filho doente e outro mais novo que tinha se casado havia pouco tempo e que costumava se barbear, e os talibãs impuseram a todos os homens a barba de um palmo. Os três estavam a ponto de se mudar para um apartamento da família da mulher do meu primo, onde achavam que estariam mais seguros do que naquela casa.

— Desculpa, minha irmã — disse minha tia, com uma das minhas irmãs em cada lado —, mas vocês não cabem no apartamento onde vamos morar. Se você quiser pode ficar aqui, na casa, e aproveitar para cuidar dela.

Não tínhamos outro lugar para ir, então nos instalamos lá alguns dias, enquanto eu me recuperava da última operação que fizera no hospital. Mas minha mãe ficava angustiada, e eu também, quando pensava que, se entrassem ladrões, não poderíamos fazer nada para defender a casa e que minha tia ainda ia nos dar uma bronca quando voltasse, e não sabíamos quando voltaria.

Então, ao fim de três dias, quando meu rosto já tinha desinchado um pouco, deixamos um dos últimos espaços que conhecíamos e fomos procurar outro. Aquela não era como as outras ocasiões quando buscávamos um teto temporário e tudo ficava bem. Naquele momento precisávamos de um lugar estável para os cinco. A guerra aberta terminara, de modo que tivemos que fazer a mesma coisa que muitos que ficaram no país: perguntar aos vizinhos sobre alguma rua onde as casas encontravam-se vazias, escolher a que estivesse em melhor estado, dar um bom pontapé na porta e nos instalarmos nela.

Havia casas vazias aos montes. Fugindo da guerra, milhares de famílias as tinham abandonado na pressa e na correria, levando apenas o que podiam carregar. Algumas pediam a parentes ou amigos que cuidassem de suas casas, mas frequentemente esses sentinelas também acabavam emigrando para o Paquistão ou Irã quando não aguentavam mais. Entre os que ficavam, a fome era tão comum que os roubos a casas vazias ou — em dias de sorte — a lojas recém-abandonadas eram normais, e ninguém se atrevia a censurá-los.

Minha família mesmo tinha sido vítima daquele ato de desespero: poucas horas depois de cair a bomba em nossa casa, e enquanto estávamos no hospital, alguém na nossa rua a esvaziou. Não deixaram nada, e o pouco que levávamos agora para o nosso novo lar era o que outros vizinhos, mais solidários, tinham nos dado para seguirmos adiante e a comida que conseguimos pegar na casa da minha tia. O resto teríamos que conseguir como todo mundo: procurando nas casas dos emigrados. A propriedade privada e as leis que a defendiam eram um luxo que nós não podíamos nos permitir. Não nos perguntávamos de jeito nenhum se os donos poderiam voltar algum dia. Vivíamos o momento. E tínhamos que nos resguardar do frio e comer. Aquele dia, aquela noite, aquele momento. Em tempo de guerra, o amanhã não existe.

Depois de andar e de perguntar por algumas horas, encontramos uma casa grande, de estilo tradicional: uma construção retangular de paredes de barro com um pátio no meio. Tinha seis quartos e tudo estava em bom estado, exceto a cozinha, que havia sido incendiada, e as janelas, que não tinham sequer um vidro inteiro. Eram efeitos típicos das bombas. Havia vizinhos por perto e isso era importante, pois ninguém queria viver sozinho. Decidimos ficar. Apesar da precariedade, quando fechamos a porta, eu me senti feliz como uma menina com sapatos novos. Fazia tanto tempo que não tínhamos uma casa para a família! E como os ataques haviam terminado, enquanto os donos não voltassem ou não encontrássemos algo melhor, podíamos nos instalar naquela casa. Eu corria para cima e para baixo explorando cada cantinho, abrindo armários... Tinha de tudo, inclusive um rádio pequeno.

O que nos deu muita esperança foi que no pátio havia um poço e uma horta na qual ainda encontramos espinafre e um ou outro tomateiro vivo. Inauguramos o novo lar jantando verdura fervida num fogo que acendemos no corredor. E como a noite estava fresca, porque o outono avançava, dormimos todos juntos, e bem apertados, no mesmo quarto.

No dia seguinte começou minha vida nova.

Uma vida inventada

Eu não sabia nada sobre garotos. O único que eu tinha conhecido de verdade era meu adorado irmão, Zelmai. Ele debochava de mim porque me achava frágil e chorona, mas também me protegia sempre. Ele queria ser como os astros do cinema indiano: lindo, forte, masculino, o mais popular do bairro. Também lembrava do meu pai tal como ele era antes de tudo dar errado. Era engraçado, mas também sério e responsável. Não era muito religioso, mas, sim, muito justo e respeitoso. Como eu podia pretender me parecer com um dos dois?

Para começar, devia sair da barra da saia da minha mãe e aprender a enfrentar o mundo sozinha. Tinha que criar a carcaça mais dura possível, e suprimir meus traços mais femininos. Não conseguia falar com voz de menino, mas podia impostá-la para que ficasse mais grave e, principalmente, mudar meu tom para um mais imperativo, que parecesse mais masculino. Com o tempo, aprendi a agir com rispidez e rudeza. Descobri que era malcriada e que ameaçava sem medo quando alguém me ofendia; até era capaz de atacar. Não podia brigar de igual para igual com ninguém, mas sabia atirar pedras com rapidez. Dava para notar que tinham medo de mim, então eu me sentia aliviada. Talvez nunca tivesse amigos, mas sobreviver era mais importante.

Tudo isso foi um processo longo e muito difícil. Qualquer incoerência, qualquer descuido na representação da minha personagem podia chamar a atenção para mim, e isso era um perigo. Durante todo o tempo em que fui um menino, não podia relaxar nunca da tensão. E isso era terrivelmente cansativo. Duríssimo.

Mas naquele primeiro dia eu só pensava em aprender a usar o turbante para que não caísse nunca (a partir daquele dia não o tirei nem para dormir). O tecido, grosseiro, de cor marrom, fora dado por minha mãe. Quando ela o colocou em mim pela primeira vez, foi como um ritual. Adeus à menina, bem-vindo o menino. Ainda na segurança entre quatro paredes — chamar de *casa* ainda era muito prematuro —, ambas nos permitimos chorar. Minha mãe me deu um beijo na cabeça, como se fosse uma benção, e saí pela rua para ensaiar meu novo personagem.

Em seguida, encontrei um grupo de meninos que brincavam com uma bola feita de panos. Quando viram meu rosto e corpo enfaixado pararam a bola e ficaram me olhando.

— Por que estão me olhando assim? — desafiei. — O que foi? Não sabem que teve uma guerra aqui?

Os meninos desviaram o olhar. E um senhor que passava interveio:

— Tem razão, rapaz. Como você se chama?

"Pensa em alguma coisa, pensa!", dizia a mim mesma. Não tinha me ocorrido inventar um nome de menino. E, finalmente, disse o primeiro que me passou pela cabeça:

— Eu me chamo Zelmai.

Foi assim que fiquei com o nome do meu irmão. E, sem ter consciência disso, também foi assim que matei Nadia para fazer reviver, no seu lugar, Zelmai. Uma decisão que a princípio me ajudou a inventar um personagem, porque tinha a lembrança do meu irmão como modelo, mas com a qual, com o passar do tempo, eu teria dificuldade de lidar, porque aquele Zelmai meio inventado ficaria grudado com força na minha pele e na minha alma.

Naquele primeiro dia, ao ver que a farsa funcionava, me atrevi a ir mais longe e propus aos meninos da rua:

— Querem andar comigo para ver o que encontramos pelo bairro?

Todos disseram que não, que seus pais não os deixaram ir a lugar nenhum por medo de que pisassem em uma mina antipessoal. Eu fui sozinha procurar coisas que pudessem ser úteis na nova casa. Algumas ruas pareciam museus abandonados. Entre as ruínas, às vezes era possível encontrar cômodos intactos, e, se não fosse a poeira que os cobria, bem se poderia pensar que tinham sido abandonados pelos seus habitantes no dia anterior. Em uma dessas explorações encontrei um álbum de fotos. Sentei-me no chão e virei as páginas lentamente: uma menina com as tranças muito esticadas me olhava com os olhos bem negros; uns recém-casados pareciam ter se perdido enquanto um monte de pessoas ria ao seu redor; um rapaz com bigode ralo, que devia ser o noivo, posando orgulhoso ao lado de um carro de fabricação soviética; uma família fazia um piquenique perto do rio... Imagens que ilustravam a vida dos habitantes daquela casa — mas que podiam ter sido também da minha família — antes de tudo estourar. Minha mãe me contava que ela, quando pequena, assistia a shows ao ar livre com seu pai e que, quando jovem, continuou fazendo a mesma coisa, inclusive com seu grupo de amigas e ninguém mais. Iam passear, dançavam, e algumas foram para a universidade.

Deixei o álbum onde o havia encontrado, pensando no que teria acontecido com todas aquelas pessoas, e sentindo certa nostalgia por aquela vida que eu não tinha vivido.

Só levei um casaco para minha irmã menor e um livro para meu pai, que ainda chorava quando se lembrava como os *mujahidin* queimaram todos os seus livros em inglês porque eram "infiéis".

O PRIMEIRO TRABALHO

A PRINCÍPIO FOI MUITO DIFÍCIL NOS adaptar à mudança. Enquanto estávamos em casa, minha mãe repetia como uma ladainha: "Zelmai, Zelmai, Zelmai", quando fazia qualquer coisa; e eu me acostumei a não tirar a roupa para dormir, nem sequer o turbante. Com o disfarce de menino não passava pela cabeça das pessoas duvidar do meu sexo, mas eu estava certa de que sem aquela roupa todo mundo veria na hora que, na realidade, eu era uma menina.

Como não confiava na minha família, tentava não sair nunca com eles pelas ruas nem dividir o espaço com outras pessoas. Minhas irmãs pareciam incapazes de esquecer quem era Nadia. Meu pai tinha, de vez em quando, a mania de lembrar como era bonita sua filha mais velha... Com as mais novas tentei de tudo: expliquei como era importante que me chamassem de Zelmai, e depois de ver seus deslizes, eu as ameacei e, inclusive, cheguei a bater nelas. Não me dava nenhuma pena ser dura com as duas porque, quando as via tão delicadas e vaidosas, com os cabelos compridos que podiam ser penteados, com orelhas bonitas nas quais podiam colocar brincos... tão protegidas, tão inúteis... a inveja me cegava e a raiva começava a brotar sem controle.

Foi assim, aos tapas, que acabaram entendendo que realmente não tinham nenhuma irmã na qual pudessem confiar, porque eu era a cabeça da família, e agia como qualquer homem tradicional. E aprenderam a me obedecer como boas meninas — e a fugir de mim sempre que tinham oportunidade. Sabiam, além disso, que minha mãe me apoiava. Elas, muito agarradas com nossa tia, foram se distanciando cada vez mais da minha mãe e de mim. E nós, de certa forma, nos afastamos: eu não queria saber de frescuras, já tinha problemas demais.

Em seguida, saí para procurar trabalho. Deixando o centro da cidade de lado, ainda existiam muitas zonas agrícolas em Cabul, e não muito longe da nossa casa havia várias fazendas. Entrei em uma delas e perguntei pelo encarregado. Era um homem jovem, que me atendeu amavelmente.

— Você poderia me conseguir trabalho? Sou muito trabalhador, venho de uma família de camponeses de Isomolí — tentei convencê-lo.

— Como seu pai se chama?

— Por que você está perguntando? Meu pai é muito importante! — comecei a mentir na defensiva. Ainda tinha muito para aprender sobre a arte de inventar histórias, mas nos últimos tempos já havia adquirido uma personalidade difícil. Ele olhava meu corpo pequeno e as ataduras enroladas, muito sujas. Suponho que, sensatamente, duvidava da minha capacidade de trabalho.

— E o que você pode fazer, filho?

— O que você mandar.

— Deixa eu pensar. Volta amanhã e já te dou alguma notícia.

No dia seguinte, comecei a limpar os campos de tomates e berinjelas com a minha única mão útil, e no final do dia, voltei para casa morta, mas com cinco afeganes no bolso. Minha mãe, que estava lavando a roupa velha que tinha encontrado pela casa para fazer colchões e lençóis, me disse para economizá-los. Pediu para que eu não contasse nada ao meu pai, mas minha tia tinha dado algum dinheiro antes de se despedir e, por enquanto, iríamos gastando aquele.

Ao fim de dois meses, juntei tudo o que havia acumulado e fui ao centro fazer compras acompanhada por Fakir, um primo baixinho que ia com frequência à minha casa. Na porta do açougue, vimos uma pequena novilha presa, e Fakir e eu nos apaixonamos por ela e decidimos salvá-la de se transformar em guisado. Falamos com o açougueiro para pedir a ele que nos desse a novilha de presente: dissemos que íamos cuidar dela, que daríamos a ele o leite que ela produzisse. Primeiro o homem nos explicou, com paciência, que não podia nos dar de presente, porque, assim, perderia dinheiro, mas se quiséssemos, ele a venderia. Contei o dinheiro que levava no bolso, e os trocados que Fakir tinha, mas não chegávamos nem de longe ao valor que ele nos pedia.

Tristes e desanimados, meu primo e eu fomos embora, mas não podíamos deixar de pensar nela e voltamos a vê-la algumas vezes. Enquanto acariciávamos a novilha, o açougueiro saiu:

— Já falei para vocês. É só pagar que ela será de vocês.

— Eu trabalho na fazenda do seu Alí, não poderia pagá-la em várias vezes?

— Não.

Conhece a loja de tapetes que está perto do campo de futebol? Sim, sei qual é.

— Pois então, ela era do meu pai.

— Então ele é rico!

— Não, não é mais dele.

— Que se há de fazer...! — O pobre homem perdia a paciência.

Suponho que o açougueiro acabou abaixando o preço do animal para não ter que nos escutar mais. E voltamos para casa, devagarzinho, com os bolsos vazios e a novilha amarrada em uma corda. Minha mãe estava aflita porque quando chegamos já era noite, mas, ao ver a novilha, seu rosto se iluminou pensando no leite e na carne que poderia chegar a dar.

No dia seguinte, levei o animal para o campo, prendi em uma árvore e, durante o período de pausa do trabalho, amontoei a relva que encontrei para dar a ele. Também fiz com que a novilha bebesse o leite que meu chefe me dava de café da manhã, e eu só comi o pão. No final do dia, quando estava disposta a colher mais capim, um homem tirou o animal de mim, me deixando surpresa. Tentei reagir e pedi que devolvesse, mas ele, sem dizer uma palavra, me deu um sopapo que me fez cair no chão.

O chefe escutou meus gritos e correu para ver o que estava acontecendo.

— Este menino me ofendeu! — dizia o homem. — E ofendeu a minha mulher!

Eu não podia acreditar. Esfregava a bochecha, que me ardia pela bofetada, e chorava.

— Pelo visto, não educaram ele direito em casa. Como ele pode me ofender? Eu podia ser seu pai.

Tentei me defender em vão. E o seu Alí me demitiu.

— Você não tem vergonha? E pode ir embora porque hoje é seu último dia de trabalho. Fora!

Do chão, entre os tomateiros, e protegendo o rosto com as mãos, vi a expressão indignada daquele homem forte e corpulento, de pele escura, cabeça raspada debaixo do chapéu e barba pintada de acaju, como muitos *pashtuns** usavam. Fiquei com medo do olhar duríssimo de seus olhos verdes, e não tive alternativa a não ser ir embora com a novilha para casa, com uma sensação de injustiça que me ardia.

Quando minha mãe me viu chegar, perguntou angustiada:

— O que aconteceu? Por que está chorando?

— É que a novilha não está comendo, mãe...

— Não tem problema, homem! Ela só precisa de um pouco de leite. Já vamos encontrar leite, não chore por causa disso!

---

*Grupo etnolinguístico que fala a língua *pashto* e que vive na região entre o Hindu Kush, no nordeste do Afeganistão, e na parte norte do rio Indo, no Paquistão. Eles constituem a maioria da população do Afeganistão e já eram nomeados como afegãos antes mesmo que outros povos recebessem essa identidade. (N. T.)

Eu me acostumei a dissimular meus problemas, como teria feito um homem. Não contava que me faziam trabalhar como um camelo: preferia dizer que estava muito feliz por trabalhar ao ar livre.

Não me atrevi a voltar mais à propriedade de seu Alí, porque ele não tinha acreditado em mim. E também porque tinha me ameaçado dizendo que, se eu voltasse, cortaria minhas pernas.

AS TERRAS DO SR. BISMILÁ

NO DIA SEGUINTE, SAÍ DE MADRUGADA de casa, como sempre, para que ninguém suspeitasse de que tinha ficado sem trabalho. Precisava encontrar outro emprego urgentemente.

Dei uma volta por uma região, não muito longe de casa, na qual havia muitas plantações, esperando encontrar alguém que precisasse de um ajudante.

E assim cheguei, à tarde, a um terreno onde havia um cercado com animais, e, perto dali, um menino de uns vinte anos, com cara de entediado, tentando pegar peixes em cima de um bote, rodeado de três ou quatro meninos que o olhavam. Não muito longe, outro menino que colhia tomates levantou os olhos ao escutar que eu chegava.

— Oi! — cumprimentei.

Naquele exato momento, uma das vacas fugiu. A porteira devia estar mal fechada.

— Oi! — disse, nervoso, o que colhia os tomates. — Cara, por favor, me ajuda a pegar a vaca!

Não pensei duas vezes e corri atrás do animal. Eu e o rapaz nos unimos e logo capturamos a vaca, fazendo com que ela entrasse no cercado. O do bote não tinha mexido um músculo, e o dos tomates olhou para ele e disse entredentes:

— Este filho da puta não faz nada, não vigia e não se mexe nem que o matem.

— É seu irmão? — perguntei.

— Uosé? Até parece, cara!...Bem que ele gostaria! Ele trabalha para nós. Me faz outro favor: vai até o bote e diz a ele que o Amid está chamando.

Dei o recado ao tal Uosé, e ele me respondeu, com ironia, que tudo bem. Não parecia estar com muita pressa para cumprir a ordem. Acho que não fomos com a cara um do outro desde o primeiro momento.

Depois peguei uma pedra grande e a levei para Amid, que estava tentando deter a vaca. Aproveitei para contar que acabara de perder o trabalho em outra propriedade porque lá me disseram que minha novilha comia muito.

— Ah, se você quiser, pode trazê-la para pastar aqui — ele me propôs. — Contanto que não pisoteie as verduras...

No dia seguinte, levei a novilha, mas só Uosé estava lá, e mandou que eu o ajudasse se quisesse que ela comesse algo:

— Arranque as ervas daninhas. E não se distraia senão o dono virá e você não vai ter tido tempo de fazer tudo.

Trabalhei algumas horas debaixo do sol quente do verão até que vi chegar um senhor que logo reparou na novilha. Era o dono:

— Que novilha bonita! Será uma boa vaca, porque é de uma raça excelente. É sua?

— Sim, moço, ontem Amid me disse que eu podia deixar que ela pastasse por aqui...

— Vamos fazer uma coisa? Amanhã você coloca sua novilha com os outros animais que tenho. Colha capim e dê de comer a todos eles, e talvez eu te pague algo pelo trabalho.

Foi assim que comecei um trabalho que durou quatro anos.

Quando já estava trabalhando lá havia uma semana, seu Bismilá teve seu oitavo filho, que para ele parecia um milagre:

— Zelmai, você não sabe como estou feliz — disse sem esconder as lágrimas, para minha surpresa. — Depois da morte do meu filho Aziz, um bom menino, meigo e generoso, mas que o mataram, imaginei que não poderíamos ter mais um filho. Minha mulher é mais velha, e as mulheres mais velhas normalmente não podem mais ter filhos... A minha mulher é minha tia também, sabia? Ela é irmã do meu padrasto, o homem que se casou com minha mãe quando meu pai faleceu. Já não tínhamos mais esperança, e então recebemos esse presente.

Desde o primeiro dia, Bismilá mostrou ter muita confiança em mim. E como suspeitava que Uosé não era muito honesto, decidiu que a partir daquele momento seria eu, e não ele, que ficaria responsável por vender as verduras aos clientes da vizinhança. Amid, seu filho, me substituía à tarde quando voltava da escola.

Isso enfureceu Uosé, que se vingou me obrigando a fazer as tarefas mais difíceis quando ficávamos sozinhos. O dono não costumava estar por perto, porque tinha um cargo de funcionário no Ministério da Energia. Até então, o comércio havia dado regalias a Uosé: ele se habituara a ficar com uma parte do dinheiro e, quando tinha vontade, propunha a algum garoto fazer o serviço que pagaria *em espécie* dentro de uma barraquinha que havia no campo. Tudo isso acabou quando eu cheguei, e por esse motivo decidiu fazer da minha vida um inferno.

A princípio, ele se limitava a me delegar as tarefas mais pesadas; depois tentou estragar a boa relação que eu tinha com a família do dono. E no dia em que descobriu que eu era amigo de uma das filhas dele, Uasimá, tomou coragem para ir mais longe. Ele me avisou que na próxima vez que ela fosse buscar as verduras, ele a seguiria e daria um beijo na boca, quisesse ela ou não, e que eu não poderia impedi-lo. Não pude lhe tirar essa ideia da cabeça. E, de fato, quando Uasimá foi pegar o que sua mãe havia pedido, Uosé a seguiu na volta para casa. Meu sangue ferveu de indignação. Então, peguei uma foice e o segui.

Quando o encontrei, ele a estava agarrando para beijá-la à força. Sem pensar nas consequências, bati com a foice em seu pescoço enquanto gritava para Uasimá correr para casa. Então, abaixei a ferramenta, embora tivesse vontade de enfiá-la no pescoço dele.

Por um segundo achei que seria ele que me machucaria de verdade. Mas acho que ele estava surpreso demais, e se limitou a me ameaçar:

— Não pense que vai se safar dessa, Zelmai.

Minha raiva se transformou rapidamente em medo. Sabia muitas coisas horríveis sobre ele. Qual seria a próxima?

No dia seguinte, enquanto descia para o terreno, escutei uma conversa entre Uosé e o dono: ele dizia que fui eu quem quis dar um beijo na sua filha. Como podia ser tão mau? Peguei uma pedra no chão e, quando estava quase prestes a jogá-la em Uosé, o sr. Bismilá me viu.

— O que você tem na cabeça? Beijar minha filha e me machucar? Se é assim, é melhor que vá embora — ele me demitiu, magoado.

Não estava disposta a abaixar a cabeça e suportar outra injustiça.

— Senhor, pergunta para sua filha o que aconteceu. Eu não quero fazer mal à tua família, nem beijar Uasimá. E não vou permitir que falem mentiras sobre mim.

Funcionou: o dono falou com sua filha, que lhe contou a verdade. Ele ameaçou denunciar Uosé à polícia talibã, mas decidiu perdoá-lo: o rapaz morava perto e ele não queria ter problemas com os vizinhos. Assim, tive que aceitar que não ficaria longe de meu inimigo, e o que era ainda pior: sabia que ele me odiava mais do que nunca.

FOME

DEPOIS DAQUELE INCIDENTE, SEU BISMILÁ PASSOU a ter ainda mais respeito por mim. No entanto, o que eu ganhava trabalhando para ele sempre foi muito pouco para que pudéssemos esquecer a fome em casa. O inverno era a época mais difícil, e eu nem sequer conseguia levar legumes: algumas batatas de vez em quando e não mais que isso. Às vezes, minhas irmãs iam para casa da minha tia e faziam uma ou duas refeições lá. Então, eu e minha mãe cozinhávamos as folhas de couve-flor que pegava no mercado, que vinham de Jalalabad. Normalmente, essas sobras eram destinadas ao gado, mas nós as comíamos como se fossem acelga. Além disso, já estávamos acostumadas a comer o que os outros rejeitavam: lembro-me que, durante a guerra, às vezes, minha mãe me dava as bananas que os vendedores jogavam fora porque estavam muito maduras ou muito marcadas. Então, eu comia tentando não respirar, degustando a textura suave da banana e procurando sentir o mínimo possível o sabor forte, quase alcoólico, que ela apresentava.

Essa fome permanente me causou problemas. Num dia em que minha mãe não estava, os vizinhos apareceram lá em casa com um pratinho de grãos-de-bico cozidos, seguindo a tradição de dar aos vizinhos uma pequena porção do que cozinhamos. Eu tinha chegado do trabalho sem forças e morta de fome e, sem pensar duas vezes, limpei o pratinho acompanhado com pão. Não dei a mínima para minhas irmãs, que também estavam com fome e choravam.

— Vamos contar tudo para a mamãe!

— Vão à merda, eu trabalho o dia inteiro e preciso comer.

Minha mãe ficou muito chateada. Tanto que pediu para as pequeninas saírem, e me bateu na bunda com um pedaço de madeira. Eu chorava, gritava e pedia desculpas, mas ela batia com mais e mais força. Rosiá e Orzó, assustadas com meus gritos e com a atitude da nossa mãe, que parecia não querer parar nunca, foram avisar os vizinhos.

— Por que você bate nos seus filhos? Esse menino bota dinheiro em casa. Se você não pode cuidar de seus filhos, melhor não tê-los!

Minha mãe tentava se defender:

— Não se meta, é minha família!

Mesmo assim, soltou a madeira e as lágrimas começaram a escorrer pelas bochechas.

Se a vida para mim era muito difícil, também devia ser para minha mãe, que perdera toda sua família no sentido em que entendia a palavra: o herdeiro estava morto; o marido perdera a cabeça; as filhas mais novas se distanciaram dela; e sua Nadia tinha desaparecido para se transformar no "outro", como minha tia me chamava, alguém que não era uma menina, mas também não era um menino. Nesse estranho grupo, minha mãe apoiava o poder que eu tinha como chefe de família, mas também não podia renunciar completamente ao seu papel de mãe responsável... Nunca ficava claro quem tinha autoridade: algumas vezes ela mandava em mim, outras era eu que mandava nela. Muitas vezes, tentava protegê-la, evitando o sofrimento que teria ao saber que vida eu levava. E, de vez em quando, bem de vez em quando, ela se transformava em uma mãe tradicional que consola uma filha que está precisando. Quando eu me rendia e confessava que não tinha mais condições, ela me animava: "Você consegue! Vamos em frente!". Então, eu entendia que podia me permitir relaxar. E apoiava a cabeça em seu peito, e ela acariciava minha bochecha e secava minhas lágrimas, enquanto me dizia:

— Tenho uma filha, mas ela vale mais do que sete filhos! Você viu que hoje os vizinhos vieram pedir ajuda a você. Eles só têm filhos preguiçosos, por isso vêm procurar meu leão, que é você!

Comprovava de esguelha se tinha me feito sorrir, e então pegava minhas mãos e as estudava:

— Claro que é um leão, claro! Anda, vamos, estou vendo que você nem teve tempo de cortar as garras.

Que alívio eu sentia quando minha mãe me permitia ser uma menina por um momento!

No entanto, naquele dia do incidente com os grãos-de-bico, ela me tratou como uma pirralha que não tinha se comportado, e aquilo foi um golpe duro para mim.

Na parte da tarde, quando voltei para o trabalho, tinha o corpo tão cheio de hematomas que não conseguia trabalhar. Estava triste e arrependida por ter tirado a comida da minha família. E passou pela minha cabeça perguntar à mulher do seu Bismilá se ela poderia me dar uma refeição todos os dias. Não perderia nada se pelo menos tentasse...

A senhora logo me disse que sim, que não se importava de colocar um pouco mais de comida na panela de sua família. E assim, a partir daquele dia, Uasimá levava para mim, sempre no horário do almoço, uma tigela de lentilhas, sopa de carne ou verdura, arroz, pão... E, quando a menina ia embora, eu corria e levava a tigela para casa, lá adicionávamos água quente, e aquela comida para um se transformava numa refeição para cinco.

Um dia, Uasimá me levou o almoço quando eu estava com alguns garotos do bairro que muitas vezes iam me visitar. Não me atrevi a levar a comida para casa porque temia que os meninos contassem a ela, e decidi que iria mais tarde. Deixei o prato debaixo das berinjelas e, quando fui buscá-lo às cinco da tarde, morrendo de fome e sofrendo por conta da minha família que devia estar esperando, encontrei-o cheio de formigas. Tive que jogar tudo fora.

Nunca passou pela minha cabeça perguntar à esposa do seu Bismilá se ela podia me dar um pouco mais de comida, ou dizer claramente que levaria a comida para casa para poder dividi-la. Minha mãe tinha nos educado com a ideia de que é melhor não pedir nada a ninguém. Ela tentava fazer com que as pessoas não soubessem que passávamos fome. Tinha mais: se recusava a abandonar o costume de oferecer aos hóspedes o que tínhamos de melhor em casa. Naquele tempo em que não tínhamos nada, isso equivalia a me mandar correndo à fazenda para pedir um adiantamento ao dono e comprar, no mínimo, chá e balas para oferecer às visitas.

Naquela época eu teria brigado com qualquer pessoa por um pedaço de pão, mas pouco depois deixei de comer por vontade própria.

Um longo jejum

Quando cheguei ao campo pela primeira vez, só tinha onze anos e nunca tinha feito nenhum trabalho duro. Uma das minhas primeiras responsabilidades foi cuidar dos animais, e lembro que conduzi-los do estábulo ao local cercado no qual pastavam era um martírio. Fugiam sempre, esmagavam as batatas, comiam os repolhos, e a culpa era sempre minha. Dois anos depois, no entanto, eu já os dominava completamente, porque tinha aprendido... e porque cresci e passei a ter mais força. Um dia, eu me dei conta de que, enquanto corria atrás dos animais, o filho do dono ficou me olhando.

— Que foi? — gritei, na defensiva.

— Zelmai, você já está mais alto que eu!

A maioria dos meninos se sentem orgulhosos quando escutam isso. Para mim, era a pior coisa que podiam me dizer. Desesperada, tomei uma decisão: a partir daquele dia deixaria de comer. Dessa forma, ficaria muito magrinha e pequena, e ninguém esperaria que um menininho assim tivesse voz grave ou barba, não é verdade?

No almoço do dia seguinte, seu Bismilá me convidou para comer na sua casa com Uosé.

— Obrigado, senhor, mas não posso. Estou de jejum.

Uosé me olhou como se visse um marciano. O dono ficou surpreso, mas respondeu apenas:

— Que pena, minha mulher preparou uns grãos-de-bico deliciosos. Zelmai, você, sim, vai para o Céu. — E foi embora me deixando com as tripas grunhindo. Uosé fez um gesto de desprezo e seguiu seu Bismilá.

Aquele jejum durou metade de um ano. Durante aquele tempo, quando só comia à noite para não morrer de fome, eu sempre estava cansada, triste e de mau humor. Se alguém se interessasse pelos meus problemas, eu o rejeitava rudemente. Tinha que ficar sozinha, não podia permitir que ninguém reparasse muito em mim. Minha pele ficou seca, e comecei a sofrer com dores de estômago e de cabeça que durariam anos para, no final, não dar em nada. Só para me considerarem no trabalho um muçulmano devotíssimo.

E isso piorou mais ainda — se é que isso era possível — minha relação com Uosé, que não deixava escapar nenhuma oportunidade para me derrubar. E quase conseguiu graças ao meu cabelo. Debaixo do meu turbante, mantive, por um tempo, o único reduto da minha vaidade: do lado direito, onde o fogo respeitara minha pele, o cabelo continuava crescendo como sempre, preto, forte e ondulado. Eu fazia um trança e escondia debaixo do turbante. Um dia, quando o tecido caiu um pouco para trás, Uosé viu que eu tinha cabelo comprido. Os talibãs proibiam isso, ou seja, mesmo que não descobrissem minha feminilidade, eu poderia, do mesmo jeito, receber um castigo.

— Zelmai, você tem cabelo comprido!

Olhei à minha volta, procurando uma saída. Não muito longe vi uma mulher.

— Caramba, olha como aquela menina anda! Vou atrás dela! — improvisei. Eu tinha que fugir de qualquer jeito, além de reforçar a ideia de que era um homem, ainda por cima, bem machão, o que era melhor ainda.

— Zelmai, você ficou louco! E tem o cabelo comprido. Vou te dedurar, eles te arrebentarão.

Não perdi tempo: fui de bicicleta à casa da minha tia e pedi a ela, com um nó na garganta, que cortasse meu cabelo. Antes que a tesoura fizesse "clac" na raiz da trança, as lágrimas começaram a escorrer pelas minhas bochechas. Quando voltei ao trabalho, com o turbante convenientemente mal colocado para deixar à vista o cabelo curtíssimo, tive que me esforçar para sorrir, principalmente quando vi que Uosé me esperava ao lado de um homem. Era um comprador habitual das nossas verduras que não me inspirava nenhuma simpatia, porque diziam que tinha relações muito boas com os talibãs e que era um delator. Ambos falavam animadamente e me olhavam. A cara de decepção de Uosé foi impagável quando se deu conta de que meu cabelo comprido desaparecera, e que ia fazer papel de bobo. Então, o meu sorriso deixou de ser forçado.

Sua raiva por mim crescia a cada dia. Seu jogo era muito perigoso e perverso. Tentou fazer chantagem comigo dizendo que contaria ao seu Bismilá que suas filhas e eu nos encontrávamos — informação que estava correta, embora só nos encontrássemos como amigos —, e mais tarde tentou até me matar soltando um cachorro vira-lata na cabana de pastor na qual eu dormia de vez em quando. Chegou um momento em que a situação me fazia sofrer tanto que fiquei doente.

Perdi a noção da realidade, e quando meu primo me encontrou no meio da rua como uma sonâmbula, entendeu claramente que eu precisava de um psiquiatra urgentemente. Minha mãe ouvira falar de um médico que trabalhava no centro. Tinha medo de quanto o tratamento podia custar, mas não podia suportar a ideia de que, além de meu pai, eu também me transformasse numa pessoa instável e de convivência impossível. Tenho uma vaga lembrança daquela sala austera com uma cortina no meio para que as pacientes mulheres ficassem atrás, a mesa e a cadeira de madeira, o diploma de medicina pendurado, o homem de voz grave e bem-vestido. Ele me dizia para contar o que tinha acontecido comigo, mas eu sinceramente não podia, porque tinha a mente confusa e porque não confiava em ninguém. Não quis nos cobrar nada e deu uns comprimidos para minha mãe com a recomendação de que ela me fizesse tomá-los logo, e marcou um horário para duas ou três semanas depois.

Eu me recuperei e, quando voltei para a consulta, quase para cumprir o protocolo, contei ao médico o estresse que a perseguição de Uosé provocava em mim e a rejeição que minhas queimaduras geravam, sem mencionar meus medos mais profundos. Ele, constatando que eu já estava melhor, quis minimizar a importância e me disse num tom cúmplice:

— Ainda bem que você não é uma mulher! Aí, sim, nós teríamos problemas.

Era um comentário que faziam com frequência e que me magoava profundamente, mas eu ri. Não tinha outra saída! E, de repente, pareceu que aquele homem teve uma inspiração. Começou a revirar uma de suas gavetas enquanto dizia:

— Quero te dar uma coisa, mas preciso que você guarde segredo.

E aquele psiquiatra, de forma insuspeita, me deu um dos melhores presentes da minha vida: um walkman. Dentro dele havia uma fita cassete de Ahmad Zahir, a única que eu tive durante muito tempo. Zahir era o maior ídolo dos jovens afegãos, e principalmente das meninas, que o achavam muito bonito. Sua música era romântica e nos fazia sonhar com coisas que nunca teríamos: um namorado sexy e companheiro para quem diríamos: "Somos nós contra o mundo", e seríamos felizes para sempre.

Ele foi a minha terapia preferida desde então. À tarde, enquanto as pessoas comiam, eu colocava meus fones de ouvido e apertava o *play* para fugir por um instante do trabalho no campo e do resto do mundo em geral. Eu me identificava completamente com suas canções mais tristes: "Estou só na descida da montanha/ sem saber de nada sobre o mundo", "Não posso fazer nada pelo meu amor/ só posso gostar de uma estátua". Aquele cantor de voz vibrante parecia ler meu coração. Minha vida era uma mentira, não podia falar com ninguém nem ter amigos, nem namorados, estava condenada a ficar sozinha...

Ahmad Zahir, malvisto pelos mais conservadores por sua fama de sedutor e fútil, morreu em 1979 num acidente de carro mais do que suspeito. E assim se transformou no primeiro mártir da música pop afegã. Seu mausoléu, onde entalharam as letras das suas músicas, era um lugar de peregrinação que competia, em pé de igualdade e devoção, com outros dedicados aos santos do Islã. Minhas primas eram verdadeiras fãs de Zahir, e eu passara muitos momentos de nossas longas tardes de verão em família escutando-as cantar suas músicas. Aprendera todas, e graças à fita cassete que o psiquiatra me dera, voltara a me lembrar delas. Com música, a vida corria muito melhor.

Frio de inverno e de verão

Conforme fui ficando mais velha, aprendi que não vale a pena lutar contra o que é inevitável. Por isso deixei de fazer o jejum destrutivo, já que não adiantava nada, e comecei a adotar outras estratégias para não chamar atenção. Assim, quando cresceram a barba e o bigode dos rapazes da minha idade, comecei a pintar com fuligem uma sombra debaixo do nariz. Dessa forma, o buço que todas nós mulheres temos parecia muito mais consistente e não causava estranheza para ninguém.

O mais difícil de esconder eram os seios, que foram crescendo apesar das minhas orações e daquele jejum horrível. A única coisa que eu podia fazer era enfaixá-los com um tecido bem apertado. Usava uma camiseta pequena, bem justa. Era doloroso e não resolvia o problema totalmente, porque, por mais que os esmagasse, eles não desapareciam. Não tinha outra alternativa além de esconder minhas formas colocando várias camadas de roupa, fosse inverno ou verão. Com isso, adicionei mais um elemento excêntrico ao meu personagem, porque, inclusive em pleno verão e trabalhando no campo, ia bem agasalhada e sempre dizia que estava doente ou que sentia frio.

Também tive que evitar a qualquer preço os contatos físicos. Era preferível passar por uma pessoa arisca e antipática a permitir que alguém se aproximasse muito e, pior ainda, me abraçasse, algo muito comum entre os homens afegãos.

No entanto, eu não conseguia controlar tudo. A alimentação insuficiente e a falta de higiene por muito tempo produziam seus efeitos em todos nós. E minha mãe tinha muitos problemas nos dentes. A lei talibã proibia que médicos homens atendessem pacientes mulheres, e também que as mulheres trabalhassem. A consequência de tudo isso era que, teoricamente, as mulheres não podiam ter atendimento médico, embora, felizmente, a execução da lei fosse mais ou menos rigorosa segundo os responsáveis pelo distrito. E como eu tinha boas relações com os que controlavam a região onde morávamos, minha mãe pôde ser atendida várias vezes sem problemas.

Um dia eu a acompanhei ao dentista. Minha mãe queria minha ajuda, mas eu estava com a cabeça em outro lugar: sentia dor de barriga. Era uma dor diferente da que tinha sentido até então, mas a única coisa que me passava pela cabeça é que algo tinha me caído mal e que, por isso, estava com diarreia; assim, deixei minha mãe estirada na cadeira e fui ao banheiro.

Quase desmaiei quando vi que saía sangue do meio das minhas pernas. Quando me transformei em menino, tinha medo de que as pessoas pensassem que eu tinha um rosto muito feminino, também temia o momento no qual os meus seios cresceriam, me preocupava a minha voz suave, e também que não tivesse pelos no rosto. Eu não contava com a menstruação, porque nem sabia que existia. Naquele dia, então, pensei que devia estar muito doente. Não sabia muito bem de onde o sangue saía, porque mal conhecia meu corpo, mas tinha certeza de que devia ser grave, e precisava falar sobre aquilo com alguém. Não com a minha mãe, porque agora estava ocupada com a boca aberta e, além disso, eu não queria preocupá-la. Pensei em uma das minhas primas, uma das poucas pessoas que conhecia minha identidade verdadeira. Nos últimos tempos, ela confiava muito em mim e me contava suas coisas. Naquele dia, seria eu quem contaria para ela aquele segredo terrível.

Subi na minha bicicleta e pedalei, sentindo que a roupa empapada grudava no selim, coisa que me causava muita preocupação. Quando fiquei a sós com minha prima, desatei a chorar. Seu temor acabou quando, entre soluços, contei o que estava acontecendo comigo.

— Você não está doente, calma. Não é nada demais. Me espera aqui.

Sua voz tranquila me acalmou. Não entendi nada, mas parecia que o problema não a surpreendia. Voltou com umas meias-calças com a parte da perna cortada, e um pedaço de tecido. Meu primeiro absorvente. Coloquei-o enquanto ela me dizia que isso aconteceria todos os meses e que, para evitar surpresas desagradáveis, o melhor era vestir algo escuro quando aqueles dias chegassem. Minha prima não conhecia muito bem como funcionava o mecanismo da menstruação, mas o que pôde me contar foi revolucionário para mim. Saí de casa refletindo sobre duas informações perturbadoras: o sangue sai da vagina todos os meses, e a partir do momento em que começa a sair, você já é uma mulher e pode virar mãe. Tudo isso me assustava tanto ou mais do que estar doente. Levantava um problema prático muito importante para minha vida como menino, um risco e um incômodo a mais. E me impressionavam as ideias de sexo e maternidade. Sobre isso eu não queria saber absolutamente nada.

Voltei apressada para o hospital, onde minha mãe me esperava muito preocupada. Dei a ela uma desculpa qualquer, como tantas outras. Não pensava em contar que minha menstruação tinha vindo e que eu já sabia o que significava. Ela não havia me dito nada a respeito, ou seja, devia preferir não saber de nada: aquela intimidade feminina estava fora da nossa relação. Assim, aquilo se transformou em um segredo: eu fazia para mim mesma absorventes com roupa usada, e os lavava e estendia às escondidas, à noite. E para ter o controle dos dias nos quais a menstruação viria, fazia marcas na parede do lugar onde trabalhava. Não tinha certeza do funcionamento do calendário, mas sabia que, quando fazia vinte e nove ou trinta marcas, o sangue voltava.

Não tinha o que fazer. Minha vontade não contava no curso irremediável do corpo que crescia. Não havia nenhuma maneira de parar o relógio.

Poços

No ambiente no qual eu trabalhava, o mais comum era ouvir comentários de desprezo em relação às mulheres. E eu, quando escutava dizerem que as mulheres são fracas, não sabia se começava a rir ou a chorar. Aos onze anos, trabalhava como lavradora, e aos treze comecei a fazer a manutenção de poços, tirando a terra que ficava no fundo e carregando em baldes muito pesados, até que a água voltava a brotar do subterrâneo. E esse trabalho era complementar. Nunca fui uma pessoa corpulenta; sempre fui pequena e, naquela época, o pouco que eu comia e descansava não me ajudava a ter muita força nem energia. Mesmo assim, não tinha outro jeito a não ser aceitar todos os trabalhos que me propunham, que não eram exatamente fáceis. E seguia em frente, claro.

Um dos primeiros que me pediu para fazer a manutenção do seu poço foi seu Osmán — *o Comandante*, como o chamávamos. Era um homem magro, com uma barba grande e grisalha despenteada e olhinhos vivos, que ia com frequência à fazenda onde eu trabalhava para comprar hortaliças. Meu companheiro de trabalho, Sherogá, e eu sempre dizíamos que ele era rico, mas não devia ser, porque de vez em quando o víamos sentado com o dono, seu Bismilá, tirando a terra das cenouras ou separando ervilhas para ganhar o direito de encher a cesta. O fato é que o Comandante parecia nunca passar fome, sempre tinha tabaco para mastigar e, como não tinha filhos, só precisava dividir o que ganhava com a mulher. No Afeganistão, a maioria das pessoas tem famílias enormes e extensas para sustentar, e qualquer salário termina dividido entre vários estômagos. Esse era o caso de Sherogá, o segundo de oito irmãos. Sua irmã mais velha tinha ficado viúva e, quando voltou a se casar, como o novo marido não aceitou os filhos do casamento anterior, como era frequente, teve que deixar seus filhos com os avós. E naquela casa de onze pessoas o único salário que entrava era o de Sherogá, que aos vinte e cinco anos só pensava em todas as formas existentes para conseguir mais dinheiro.

Um dia, botou na cabeça que o Comandante devia adotá-lo para poder aproveitar toda a riqueza que imaginava que ele tinha, e começou a bajulá-lo.

— Comandante, você é um grande homem, um muçulmano de primeira. Gosto muito do senhor! Não tem vontade de ter um filho em sua vida?

— Ai, ai, ai, Sherogá, eu teria adorado ter um filho — respondeu o homem, revirando os olhos. — Mas você já tem até barba! O que faria na minha casa? Você não ia se adaptar.

— Claro que sim! Eu poderia cuidar da sua mulher, Comandante!

Inacreditavelmente, o Comandante pensou na proposta. Eu não podia permitir que Sherogá se aproveitasse do pobre velho, então estraguei seus planos:

— Ah, Comandante, eu, sim, seria um bom filho para o senhor.

Seu Osmán pareceu sair de um feitiço. Aquela ideia maluca de adotar alguém já tinha sido esquecida. Virou para mim e sorriu.

— Sim, acho que prefiro você, rapaz.

Estufei o peito como se acabasse de ganhar uma medalha. E senti o olhar mortal do meu companheiro, que teve seu plano destruído.

No começo, Sherogá ficou com ciúme da preferência por mim, mas pouco a pouco a raiva foi passando e ele continuou com seus métodos habituais para aumentar a renda, que consistiam em me pedir que eu lhe desse verduras ou o dinheiro do dono, que eu administrava; e, se não conseguia me convencer — nunca conseguia —, seus irmãos tomavam o que queriam sem rodeios. Felizmente, não eram quantidades grandes e nunca chegou a ser um grande problema.

Um dia, um pirralho dos que corriam pela fazenda me avisou: "Seu pai está vindo e está te procurando!". Desde o dia em que me "adotara", cada vez que seu Osmán chegava, eles brincavam o chamando de "pai". E ele também:

— Zelmai, meu filho, o poço da minha casa secou. Poderia dar um jeito nele?

— Claro, Comandante! Quando você quiser me encarrego disso. Só vou te cobrar o preço normal de uma jornada de trabalho, duzentos afeganes.

Não sei com que cara falei esta cifra, que quadruplicava o valor do meu salário, com tanta segurança e sem deixar escapar um sorriso. Reconheço: eu também teria feito qualquer coisa por dinheiro. Passávamos por momentos difíceis lá em casa...

Segui seu Osmán até sua casa, a dez minutos da fazenda. O sol queimava e o trabalho era duro; por isso, meu pai postiço se surpreendeu por eu não tirar a roupa antes de começar a trabalhar, como qualquer um faria. Mas a roupa era a minha proteção; sem duas ou três camadas — a primeira opressora, e as outras folgadas —, como eu já tinha comprovado, meus seios já teriam me delatado. Como eu os odiava!

Fiquei por quatro horas tirando areia e pedras do fundo do poço — o Comandante, lá de cima, esvaziava os baldes —, e esperando que, de uma hora para outra, a água voltasse a subir e molhasse meus pés, mas não tinha jeito. Começava a ficar morta de calor e de cansaço, e se deixasse de trabalhar nesse momento já poderia me esquecer dos duzentos afeganes. Precisava muito deles!

— Zelmai, vou fazer uma pausa para rezar — disse seu Osmán, de repente. — Minha mulher vai me substituir, tudo bem?

O Comandante se afastou e escutei em seguida:

— Mulher! Vai com cuidado para não derrubar o balde na cabeça dele, tá?.

Isso me deu uma ideia.

— Bom dia, tia! — gritei para ela das profundezas do poço. — Já estou preparando um balde para você puxar!

Prendi mal a corda, de propósito, e quando a senhora começou a mover a roldana, o balde caiu e bateu do lado da minha cabeça. Urrei como se estivessem me matando, e a coitada, assustadíssima, foi procurar o Comandante. Acho até que tropeçou na burca.

Saí do poço gemendo, cheia de areia e barro. Devo ter impressionado muito, porque disseram que iam me pagar o valor completo e me mandaram logo para casa. Minha artimanha tinha funcionado à custa de um pequeno hematoma na testa.

O resumo da história foi a recepção da minha mãe, quando botei com orgulho os duzentos afeganes na sua mão. Era muito dinheiro, tanto que não parava de me perguntar como tinha ganhado. Eu dizia a ela que isso não tinha importância porque não queria que ela soubesse que trabalhara em um poço, que era considerado um serviço perigoso.

— Então você só pode ter roubado!

— Não, mamãe, como você pode me dizer uma coisa dessas? Eu nunca roubaria, você sabe.

— Então, como você ganhou? Como?

Meu pai, que presenciava a cena, mas parecia que não estava ali, atordoado pelos sedativos, ficou sobressaltado com o tom de voz da minha mãe, que aumentava o volume algumas vezes.

Tive que confessar.

— Ai, ai, Zelmai, por que você está fazendo isso? Por acaso não sabe que este é um trabalho muito perigoso? E se você desmaiar e tiverem que te tirar do poço e descobrirem que você é uma menina?

Fiquei olhando para ela. Estávamos tão obcecadas com essa possibilidade que parecia a pior coisa que podia me acontecer. Eu tinha mais medo disso que da própria morte. Pensava na vergonha que a minha mãe passaria, e nas represálias que eu poderia ter pela minha farsa. Eu iria para o Céu — não tinha dúvidas quanto a isso —, mas quem protegeria minha mãe na Terra?

Cinema

APESAR DO MEDO, QUE SEMPRE ESTAVA presente, uma tarde eu decidi me dar um grande — e arriscado — prazer.

Quase tive que me beliscar para acreditar: no meio daquele ambiente opressivo dos talibãs, nas entranhas daquele país governado por leis puritanas em que tudo era proibido — especialmente o que pudesse nos fazer felizes — soava a música de Bollywood. As vozes sibilantes das cantoras, as cores dos vestidos, os quadris que se moviam com indolência, como se fosse possível ficar alegre. Não conseguia tirar os olhos daquela tela que fazia meu coração bater forte e me dizia que aquelas sessões de cinema e diversão com o meu irmão não tinham sido um sonho. Os filmes indianos, com suas canções estridentes, amor e lutas, existiram de verdade. Para mim, encarnavam a minha infância, o tempo de paz: a felicidade. Eu agora podia voltar a vê-los.

Claro, ainda eram proibidíssimos. Como não seriam proibidos, se neles apareciam mulheres descobertas, que, além disso, riam, dançavam e se apaixonavam, e homens de barba feita, que não eram seus maridos, nem pais, nem irmãos, que também dançavam e as seduziam? Uma coleção de infrações que nos levariam diretamente à prisão e ao cadafalso, mas até em uma sociedade tão aterrorizante havia pessoas que se arriscavam a desafiar as leis para comprar uma pequena parcela de liberdade. E assim, por toda a cidade de Cabul, cinemas clandestinos foram criados; um negócio arriscado, mas lucrativo para seus donos.

Desde que um cliente da fazenda tinha me contado sobre esses cinemas (em voz baixa porque confiava muito em mim), eu ia sempre que podia. Na verdade, só esperava que chegasse a sexta-feira, e acordava contente naquele dia pensando na hora de ver o filme. Inclusive, quando tinha que trabalhar — mesmo sendo um feriado —, eu ia com alegria e, quando podia, terminava meu turno com uma desculpa qualquer para correr para a sessão.

Conheci alguns lugares, mas o que todos tinham em comum era o fato de serem escuros, insalubres e úmidos, quase sempre porões de casas particulares. A tela era um simples aparelho de televisão que colocavam num móvel, com uma cortina que podia ser abaixada se chegassem visitas indesejadas. Um ambiente desagradável e incômodo que não diminuía de modo nenhum o entusiasmo da plateia: um monte de homens fumando como chaminés e que gritavam sem parar. Em uníssono, encorajavam o protagonista numa briga: "Bate mais forte! Mais forte!". E quando o rapaz e a garota se olhavam com desejo, a euforia extravasava e todos gritavam entusiasmados.

Num dos lugares aonde eu ia sempre, a televisão se mantinha em funcionamento graças à bateria de um ônibus que o dono tinha. E era normal que, no meio de uma cena emocionante, o aparelho desligasse de repente. "Aaah!", exclamávamos, frustrados. O dono xingava: tínhamos que esperar que seu irmão passasse com o ônibus para trocar a bateria, e todos ficavam impacientes.

Apesar do ambiente de união que reinava enquanto o filme durava, a maioria do público só se conhecia de se esbarrar nestas sessões, e procuravam manter esse desconhecimento quando iam para rua. Todo mundo desconfiava de todo mundo, qualquer um podia te delatar, por isso era melhor que não soubessem nada uns sobre os outros. Enquanto o filme rodava, a segurança era garantida por algumas pessoas que montavam guarda na porta — para avisar se apareciam talibãs —, mas na saída, o mais seguro era fingir que não se sabia absolutamente nada sobre aqueles cinemas ilegais. Para mim não era difícil esquecer, porque não tinha nenhum interesse em me relacionar com aquelas pessoas, que eu achava deploráveis e mal-educadas. Uns perdedores aos quais eu tinha medo de me igualar com o passar dos anos, se tudo continuasse como estava.

No entanto, pensava que, se entre os jovens do bairro corresse à boca miúda que eu levava a vida frequentando lugares como aqueles, também não seria de todo mal. Era tão grande a obsessão que eu tinha de parecer um menino, que acreditava que a má fama me favorecia e que era melhor me fazer passar por um cara durão e perigoso. Assim, deixava que acreditassem que eu fumava haxixe — embora o fizesse só às vezes, quando estava no meio de um grupo de pessoas que fumavam e eu não podia declinar —, falava com desprezo das mulheres e insinuava, sem confirmar, que ia a alguns desses cinemas. Tudo isso ajudava a forjar uma boa imagem. Preferia ganhar respeito por ser o pior de cada lugar, porque assim não se atreveriam a me arranjar problemas.

Fazia justamente o contrário com os mais velhos. Com eles, fingia ser um menino religioso e muito respeitador com sua mãe. Esse papel me caía tão bem que muitos pais e avós me apontavam como exemplo aos adolescentes da família, que não conseguiam acreditar no que escutavam.

Qual dos dois Zelmai eu era? Gostaria de acreditar que me parecia mais com o segundo, embora, como todos os adolescentes, muitas vezes representava tão bem o meu papel de rebelde que meu sangue fervia de verdade, e suponho que aquele menino grosseiro e violento também era eu. Se tivessem perguntado às minhas irmãs, aborrecidas porque eu as controlava, certamente teriam isso muito claro para elas.

E talvez meu próprio pai também. Desde que passei a me vestir como menino me tornei responsável por ele, e por isso cuidava para que ele se levantasse e comesse, e me encarregava de cortar sua barba, mas, ao mesmo tempo, tinha a função de ralhar com ele se fazia alguma coisa indevida. De fato, quando irritava minha mãe, ela o ameaçava dizendo: "Quando Zelmai voltar do trabalho, vou contar para ele".

Cozinheira dos talibãs

Não me entendia com Amid, o filho do dono do terreno. Talvez ele estivesse com ciúmes da confiança que seu pai depositava em mim, mas o fato é que quando seu Bismilá não estava, ele agia muitas vezes como um déspota. E o dia em que, depois de catorze horas de trabalho duro, ele me bateu porque eu queria ir para casa, decidi que ia pedir demissão. Ele que fosse para o Inferno.

Naquela noite não jantei e embora minha mãe e eu dormíssemos juntas, não quis contar nada a ela. No colchão, sentia como ela me olhava e estalava a língua, preocupada, e eu fechava os olhos para afugentar o medo de não encontrar um outro emprego logo.

Quando escutei os galos da vizinhança cantarem, despertei sobressaltada e, instintivamente, toquei o turbante: sim, ele estava lá. Minha maior paranoia continuava sendo que ele caísse enquanto eu dormia ou, muito pior, quando estivesse fora de casa. Não podia baixar a guarda nunca e, quando alguém me olhava com cara de quem havia me descoberto, agarrava, quase sem me dar conta, a faca pequena que eu sempre carregava no bolso do colete. Não era para atacar ninguém, mas para tirar a própria vida antes que os talibãs o fizessem da pior maneira possível.

Naquele dia de maio, no entanto, me enfiei na boca do lobo por conta própria. Depois de abrir os olhos, tomei banho num instante, fiz a prece matinal sem me distrair muito, tomei o chá ainda fumegante e comi o pão do café da manhã enquanto corria para o centro de Cabul. Objetivo: a praça Chauk. Ali se concentravam os homens que procuravam trabalho. Quando cheguei, embora fosse muito tarde, ainda tinha duas ou três dúzias de homens. Alguns tiveram sorte e estavam negociando com representantes que procuravam trabalhadores para um dia, dois ou uma semana. As conversas eram curtas, porque havia pouco trabalho e muita fome, e se você não estivesse de acordo com os chefes, com certeza encontrariam alguém que aceitasse suas condições, fossem quais fossem.

O tempo ia passando, e a praça se esvaziava. Entre os que ficaram, a maioria era de homens mais velhos... e eu, um menino mirrado e com o rosto queimado. Parecia difícil, mas eu estava disposta a conseguir o trabalho que fosse. Não pensava em voltar para casa com as mãos vazias, e menos ainda voltar a pedir trabalho para um camponês. De repente, escutei:

— Procuramos um cozinheiro! Precisamos de um cozinheiro!

Olhei para quem vociferava a oferta, em língua *pashto*. Congelei: era um talibã em cima de uma das caminhonetes que eles sempre usavam, uma Toyota, daquelas que têm a parte posterior descoberta. Aquela ocasião não era a apresentação clássica dos talibãs: meia dúzia de homens montados atrás, armados até os dentes, olhando ao redor de forma intimidadora e avançando em baixa velocidade para ter tempo de tirar satisfação se alguém fizesse algo que não lhes parecia certo, desde uma mulher que andava sozinha pela rua até alguém que os olhasse nos olhos. A caminhonete naquela manhã estava quase vazia, parada na praça e os *kalashnikovs* descansavam nos ombros em vez de estarem apontados para as pessoas que passavam. Poderíamos dizer que eles estavam em paz, se é que isso era possível. Vi que um dos transeuntes estremecia de medo, mas eu fui decidida na direção deles.

— Eu!

Não havia mais voluntários, então o homem me fez subir com o carro em movimento, estendendo-me o braço. Tive que cerrar os dentes para esconder a dor que o puxão me causou.

Uma vez na caminhonete, ele me olhou de cima a baixo e me perguntou, em tom de descrença:

— Você sabe cozinhar?

— Claro! — respondi.

— E o que você sabe fazer?

— Então... — Pensei em quais eram os pratos preferidos dos *pashtuns*, que conhecia bem porque era a etnia do meu pai, e enumerei. — Sopa de legumes, sopa de carne, doce de amêndoa e mel...

O rosto do talibã se iluminou:

— Muito bem, muito bem! Vamos!

Nem passou pela minha cabeça perguntar quanto eles iam me pagar. Muito menos parei para refletir como ia me virar para cozinhar aquelas coisas, já que nunca tinha feito nem um ovo cozido. Apressei-me a me acomodar, tentando não encarar os homens que estavam lá, e sentindo o olhar dos que ficavam na praça, que certamente se perguntavam quem entre nós, se eles ou eu, tivera mais sorte naquela manhã. De repente, eu me dei conta de como tinha sido impulsiva, e vieram à cabeça aquelas histórias que contavam sobre alguns talibãs que abusavam de meninos... mas era tarde demais para ter dúvidas.

O carro chacoalhou por quinze ou vinte minutos pelas ruas sem asfalto de Cabul — enquanto eu me segurava com uma mão para não cair e com a outra ajeitava o turbante —, até que parou diante de um edifício grande, de estilo tradicional, com paredes de barro, que eu nunca tinha visto. Os guardas abriram as portas e estacionamos no pátio interno. Quando entramos na casa, eu estava empapada de suor. Em parte pelo nervoso e em parte pela quantidade de peças de roupa que eu, como sempre, usava sobrepostas.

O homem que tinha me apanhado na praça me explicou que o cozinheiro que tiveram até aquele dia fora transferido para outro quartel e que, por isso, precisavam de outra pessoa.

— Aqui somos trinta, e gostamos de comer bem — disse, meio sorrindo, mas para mim pareceu uma ameaça. Minha mão mexia, inquieta, no bolso em que eu guardava a faca.

— Eu queria conhecer o antigo cozinheiro, para saber como as coisas são feitas, que rotina vocês têm...

O talibã pensou um pouco.

— Tem razão, vou chamá-lo para ele mostrar a você onde estão as coisas e como tudo funciona. Hoje você vai trabalhar com ele e amanhã fará tudo sozinho.

O cozinheiro tinha um aspecto selvagem. A barba descia até o avental, e os olhos, emoldurados por uma grande linha negra, eram tão brilhantes que parecia que ele estava chorando. Logo que fiquei sozinha com ele na cozinha, decidi dizer uma meia verdade:

— Moço, me ajuda. Minha família é muito pobre e eu preciso do trabalho. Por favor, me ensina como você cozinha, tô te pedindo.

Ele me olhou por um tempo e, finalmente, disse:

— Tá bem. Senta aí e dá uma olhada como eu faço, rapaz, que amanhã você vai ter que se virar.

Minha mão relaxou no bolso. Eu estava salva.

Passei o dia inteiro trancada naquela cozinha enorme descascando legumes, depenando frangos e anotando mentalmente as ações do cozinheiro. Na hora de comer pude provar o prato que tinha ajudado a preparar: não estava ruim, mas minha mãe cozinhava muito melhor. Tinha que pensar como conseguiria fazer com que ela explicasse suas receitas sem dizer para quem eu cozinharia. Ela tinha pavor de talibãs, e pensar que eu trabalharia para eles faria com que morresse de angústia.

Quando, finalmente, terminei de limpar a cozinha depois de preparar o jantar, me disseram que já podia ir para casa. Como pagamento, dez pães. Olhei para o porteiro:

— Como eu vou voltar para casa? Eles me pegaram na praça Chauk e eu moro ainda mais longe!

O porteiro falou com o homem que me pegara de manhã, e este decidiu que me acompanharia ao meu bairro. Ele me fez entrar em uma das caminhonetes que estavam estacionadas lá, prestes a sair para patrulhar, e indicou onde deviam me deixar. E foi assim que todos me viram chegar rodeada de talibãs, que se despediram cordialmente. Entre os vizinhos que se surpreenderam pelas minhas poderosas amizades estava seu Bismilá, o proprietário do terreno para o qual eu trabalhara no dia anterior. E, antes que a noite caísse, mandou seu filho bater na porta da minha casa. Quando ele foi embora, eu já tinha aceitado seu pedido de desculpas, um tratamento melhor e um salário melhor e, no dia seguinte, voltei triunfante a trabalhar na fazenda. Com certeza os talibãs não sentiriam falta de um cozinheiro que não significava nada, e eu, sem dúvida, não sentiria saudade deles.

Definitivamente, Deus me protegia.

Na prisão

Contudo, o próximo contato que tive com os talibãs não foi nada agradável.

Algumas vezes me lembrava de Amín, aquele velho amigo do meu pai de quem eu gostava tanto. Pouco depois daquela sexta-feira em que ele foi jantar tão cheio de maus presságios, nós perdemos o contato com ele. E, em seguida, o recuperamos por acaso.

Quando ficamos no campo de refugiados, um dia minha mãe foi para Jalalabad, pois precisava de um sapateiro. Acabou encontrando um antigo fiscal de governo, morador de Cabul como ela, e que falava dari.* Minha mãe não aprendera *pashto*, a língua mais falada no campo e também em Jalalabad, e teve vontade de conversar com aquele senhor da sua cidade sobre os conhecidos em comum que pudessem ter. Entre eles, Amín. O sapateiro contou a ela que o amigo do meu pai tinha lutado lá, em Jalalabad, que por causa de uma bomba ficara cego de um olho e que os estilhaços tinham aberto um buraco

---

*Dari ou persa afegão é como a língua persa é chamada no Afeganistão. (N. T.)

na sua bochecha. O fiscal-sapateiro também disse a ela que Amín e sua família continuavam vivendo na cidade, onde ele trabalhava como mecânico.

Superfeliz, minha mãe foi comentar com meu pai, pensando que ele ficaria animado em reencontrar seu amigo — finalmente uma notícia boa! —, mas ele não esboçou nenhuma reação; nem sequer tínhamos certeza de que soubesse de quem estávamos falando. Mesmo assim, o procuramos e depois de poucos dias eles nos chamaram para comer em sua casa. A refeição foi muito triste. Meu pai se sentia desconfortável e, como se fosse uma criança pequena, não parava de puxar o braço da minha mãe e de pedir a ela que fôssemos embora. Ela contou tudo o que nos havia acontecido, e Amín chorava sem lágrimas e contorcendo a boca. Nem mesmo os esforços da sua mulher, tão amável como sempre, puderam amenizar a situação. Saímos logo, mais desanimados do que tínhamos entrado.

Quando retornamos a Cabul, voltamos a perder o contato; não pudemos deixar nenhum endereço nem telefone, porque simplesmente não tínhamos.

Por isso me surpreendeu muito quando, num dia de Ramadã, enquanto eu trabalhava na fazenda do seu Bismilá, um desconhecido se aproximou para me dizer que Amín estava preso em Cabul, e que precisava de ajuda. Imaginei que havia me localizado graças aos meus primos, que trabalhavam vendendo doces na estação de ônibus e eram fáceis de encontrar. Também devem ter sido eles que o alertaram para que não perguntasse por Nadia, mas por Zelmai.

Nunca tinha visitado uma prisão. Cheguei na hora em que o mulá chamava os internos para as preces do anoitecer e aproveitei para rezar também. Depois, um guarda me perguntou quem eu procurava.

— Meu tio Amín. É um homem cego de um olho e com um buraco na bochecha direita.

Levaram-me até a "sala" de visitas: entre quem estava fora e quem estava dentro tinha um muro baixo de barro e, na parte de cima, uma grade. Como eu era pequena, tinha que me erguer um pouco para poder ver alguma coisa e perdia o equilíbrio toda hora.

Quase não reconheci seu Amín quando o vi, e ele também demorou um instante para me reconhecer, porque era a primeira vez que me via vestida de menino. Abatido e com uma barba descuidada, Amín fez uma careta que era para ter sido um sorriso:

— Estou feliz de te ver, Zelmai *jan*.

Enquanto comia pedaços do pão de batata e as tâmaras, comidas típicas do Ramadã que eu levara, me contou que o prenderam quando ele foi a Cabul buscar um pedido.

Acusavam Amín de trabalhar com materiais de russos na sua oficina, e se não fizéssemos nada, ele apodreceria lá. Ele me pediu que fosse procurar seus irmãos para que o tirassem daquele lugar e que me apressasse, porque não podia aguentar mais muito tempo.

No dia seguinte, pedi a seu Bismilá que me liberasse aquele dia e que me desse um adiantamento porque eu precisava ajudar um amigo do meu pai. E, depois, fui direto pegar o ônibus que me levaria novamente a Jalalabad, pela primeira vez depois do tempo que ficamos no campo de refugiados.

Quando cheguei ao endereço que ele havia me dado, encontrei sua família comemorando o casamento de um sobrinho dele, e quase começando a comer. Fui diretamente à sala na qual estavam os homens, e não me deixaram dizer nada até que não aguentasse mais de tanto comer. Depois, pedi para falar com um irmão de Amín e expliquei a situação para ele.

— Já tínhamos nos dado conta de que ele estava demorando muito, mas só pensamos que as peças que tinha ido buscar deviam ter demorado a chegar... — O homem estava muito nervoso. — Por favor, não conte nada disso para ninguém, não vamos arruinar este casamento. Me espere aqui, já volto.

O irmão de Amín, agasalhado com um *patú* — uma manta grande que faz as vezes de casaco —, foi para rua e voltou com más notícias:

— Interditaram a estrada que vai até Cabul. Nem os carros particulares nem os ônibus podem passar.

— O que é que eu vou fazer? Minha mãe não sabe que estou aqui, tenho que voltar logo para casa!

— Não se preocupe, pensei em uma solução.

Fizemos um trajeto junto com dois amigos numa van carregada de couves-flores, que me cobriam, e ninguém nos impediu de continuar. Quando chegamos a Cabul, paramos no mercado e eles descarregaram as verduras — que já estavam espetando todo o meu corpo —, e enquanto dois deles tentavam vendê-las, Salim, um dos amigos, me levou à minha casa.

Minha mãe, quando se recuperou do susto de me ver entrar em casa com um desconhecido, convidou os amigos e os irmãos de Amín a ficarem enquanto estivessem esperando pela liberação dele. Foram dias de agitação e de abundância: para compensar nossa ajuda, aqueles homens encheram nossa despensa com carne e outros alimentos que não víamos fazia anos.

Ao final de três dias, Salim e companhia tiveram que voltar a Jalalabad para procurar documentos que pudessem ajudar no julgamento, e eu me comprometi a ir visitar Amín na prisão enquanto eles estivessem fora, mas só pude fazê-lo mais uma vez.

Aquela segunda vez, vi que Amín estava ainda mais arruinado. As condições da prisão eram muito difíceis, e ele não era mais um homem forte, tanto de corpo, quanto de espírito. Eu tentava animá-lo, empoleirada no murinho das visitas para que pudéssemos nos ver, e contava casos de quando era pequena e ele ia à minha casa e fazíamos aqueles jantares intermináveis. Enquanto recordávamos, pensei ter ouvido que o horário de visitas tinha terminado, mas me fingi de desentendida. E o segundo aviso foi mais contundente: me bateram com um cassetete nos calcanhares, e caí no chão de repente. Fiquei com tanta raiva que, em questão de segundos, peguei uma pedra bem angulosa e a joguei contra o talibã que me dera a surra, e saí correndo até a saída.

O homem, como era de se esperar, começou a me xingar e praguejar enquanto me perseguia, mas, por sorte, na porta havia muitos familiares de presos que voltavam para casa e eu pude me misturar a eles. Já na rua, um comerciante que me viu correndo me fez sinais com a mão para que eu me aproximasse e indicou que eu me escondesse atrás de uma máquina de xerox. Esperei ali, encolhida, por um bom tempo, com o coração batendo desgovernado, e tomando consciência do que acabara de fazer. No entanto, para o comerciante, aquela loucura irresponsável — jogar uma pedra num talibã armado dentro da prisão — foi uma reação contra os opressores. O homem ficou muito feliz por ter me ajudado a escapar, e eu saí dali como um herói.

Depois de alguns dias, os amigos e a família de Amín conseguiram tirá-lo da prisão. A primeira coisa que fizeram foi ir à minha casa para comemorar, com doces e pães que minha mãe preparou. Quando foram embora, nossa despensa estava quase tão cheia quanto na época em que meu pai e Amín ainda riam juntos.

A NOVA FAMÍLIA DE SAMIRA

A TRANQUILIDADE NÃO DUROU MUITO. UMAS semanas depois, enquanto arrancava ervas daninhas, vi uma mulher com burca azul abrir caminho no mato que havia perto da horta. Ela estava com dificuldade de avançar, por isso tinha que erguer um pouco o tecido grosso e pesado. Quando chegou perto de mim, escutei um fio de voz que dizia: "Zelmai, irmão!". Era Samira, a segunda filha do dono. Sua voz estava embargada, por isso não conseguia falar direito. Senti um impulso de abraçá-la, mas seria imperdoável, e muito perigoso, então eu disse simplesmente:

— Vamos sentar?

Nós nos sentamos no chão, uma perto da outra, mas a uma distância prudente, caso alguém nos visse. Ela levantava muitas vezes a "aba" da burca para secar as lágrimas.

— Zelmai, depois de amanhã vou me casar e irei para muito longe, para o Paquistão... Não conheço ninguém lá. Vou ficar tão sozinha...

— Com certeza procuraram uma boa família para você, calma... E eu, quando puder, vou visitá-la, prometo!

Não tinha como consolá-la. Era quase impossível que eu pudesse visitá-la, eu não tinha nenhuma ideia de como seriam seus sogros nem o resto dos parentes por afinidade que ela deveria amar e servir tão logo se casasse. Tentei distraí-la:

— O que você acha de amanhã irmos para o centro e eu comprar o seu presente? Podemos ir com sua irmã, Uasimá.

Ela engoliu o muco e enxugou as lágrimas. Entendi como um sim.

Naquele mesmo dia pedi um adiantamento ao seu pai, e no dia seguinte deram permissão a nós três para irmos fazer compras. Se algum talibã nos interceptasse, diríamos que eu era irmão das meninas. Depois de bater perna nas lojas, encontramos um vestido de tecido vermelho, brilhante e vistoso, que ela adorou e eu comprei.

Nossa festa tinha terminado. Conforme nos aproximávamos da casa das meninas, o nosso bom humor ia se apagando até ficarmos em silêncio. Eu me senti tão triste por perder aquela amiga que fui diretamente para o meu esconderijo: o milharal. As plantas estavam tão altas que eu ficava completamente oculta e podia gritar e chorar sem medo de que me descobrissem, como fazia quando me sentia mal. E o casamento de alguém sempre era má notícia, principalmente para as meninas. Já dizia minha mãe: "As mulheres morrem duas vezes: no dia em que se casam e no dia em que deixam este mundo. E nas duas vezes estão vestidas de branco".

Quando me senti mais aliviada e saí do meio do milharal, quase bati de frente com Zarif, um vizinho.

— E aí, Zelmai, tudo bem?

— Beleza. Tô com pressa — respondi rapidamente.

— Ih, Zelmai! Parece que você andou fumando haxixe, cara!

— Eu? Não fumei nada!

— Vamos, anda, você não me engana, com essa voz tão rouca e olhos tão vermelhos!

— Tô dizendo que você está enganado. Me deixa em paz.

Sorte que Zarif não quis contar nada. Na verdade, sua acusação era plausível. De vez em quando, uns talibãs do bairro me convidavam para fumar com eles em troca do chá que a dona do lugar me dava de café da manhã. Eu ficava muito nervosa com esses encontros, mas como não podia me negar a participar, tinha que ir na onda deles.

Talvez tivesse me feito bem estar sob efeito de drogas naqueles dias do casamento de Samira, mas não me animei. Seu Bismilá me deixou responsável pelas hortas e pelo gado enquanto durou a celebração. Isso me ajudou a combater a tristeza, já que com tanto trabalho, mal tive tempo de pensar.

Vale dizer que também houve outra coisa que me distraiu: Uasimá. A filha mais nova de seu Bismilá tinha catorze anos, assim como eu, e era bonita e alegre. Quando o trabalho estava pesado, quando os dias eram longos e entediantes, quando me sentia mais aprisionada, Uasimá era uma brisa de ar fresco. Quase todo dia tirávamos um tempinho para conversar, às escondidas, no milharal, e ela fazia com que eu me esquecesse dos problemas. Ríamos muito e nos conectávamos de uma forma especial. Ela estava visivelmente apaixonada por mim, e eu... imagino que, de algum modo, também. Falávamos em segredo de quando nos casaríamos. Claro que eu sabia que aquilo era impossível, mas era tão tentador imaginar um futuro juntos, uma família feliz, que diante dela preferia esquecer que eu era uma menina. Eu me colocava na pele daquele Zelmai que havia inventado, que tinha crescido em mim e que a amava sinceramente.

Na tarde do casamento de Samira, fui à casa dos meus chefes com a desculpa de devolver a chaleira vazia do café da manhã. Na verdade, queria ver a noiva e descobrir que cara tinha seu marido. Ao entrar, já escutei as músicas alegres e o som do pandeiro das mulheres. E ao atravessar o corredor, um braço me puxou com força: era Uasimá. Reprimi um grito quando vi que ela levava o dedo à frente dos lábios para me pedir silêncio. Com outro puxão — por sorte no braço menos queimado —, me fez entrar num quarto vazio e fechou a porta. No chão, sobre o tapete, havia algumas toalhas de mesa pequenas e alguns pratos com a comida do casamento.

— Uasimá, muito obrigado! Mas acho que você deveria estar com os convidados, e eu, com as vacas do seu pai...

— Não vai acontecer nada se você ficar cinco minutos aqui, calma. Come.

Uasimá estava maravilhosa, como eu nunca tinha visto: usava um vestido longo turquesa, estava com o cabelo preso e joias douradas no pescoço e nas orelhas. Também tinha se maquiado: as pálpebras de verde-claro, os lábios com a cor de cereja madura. Ela me olhava com os olhos em chamas, e comecei a suar.

— Te amo, Zelmai — me disse em voz baixa.

Quase engasguei.

— É melhor eu ir embora, Uasimá. Só falta nos encontrarem aqui sozinhos...

Discutimos um pouco, em voz baixa, mas logo me dei conta de que Uasimá tinha preparado aquele encontro com cada detalhe, e que não estava disposta a renunciar tão facilmente. A situação era muito excitante, mas não podia me esquecer de que, a qualquer momento, podia aparecer alguém. Por isso dei um beijo em sua bochecha e disse:

— Uasimá, eu também te amo, mas tenho que ir embora logo. Não vou tocar em você antes do nosso casamento.

Uasimá sorriu e segurou minha mão delicadamente.

— Agora eu te amo ainda mais.

A tensão se desfez. Com gestos hábeis, ela transformou as toalhas de mesa em um embrulho e me deu, para que eu pudesse acabar de comer no campo.

Comi num lugar escondido, porque não queria que ninguém visse aquele farnel e fizesse perguntas. Meu coração ainda estava acelerado, mas eu me sentia bem. A família de Uasimá me dera um emprego e me acolhera. Como dizemos no Afeganistão, tinham me oferecido "sal e água", e por isso ofendê-la seria o pior dos pecados. Para seu Bismilá, Uasimá e eu éramos quase como irmãos. E a seus olhos era assim que teria que continuar sendo.

Depois de um tempo, meu companheiro de trabalho da época, que eu chamava *Lalá* ("irmão"), me perguntou bem emocionado o que eu tinha visto. Não tinha visto nada além de Uasimá, mas preferi representar:

— Caramba! Que mulheres! Pareciam anjos!

— Não estavam usando chador?*

— Não mesmo, usavam o cabelo solto.

— E o pescoço?

— Dava para ver tudo, usavam roupa bem decotada!

— Para, para, não continua...

— Uma garota olhou para mim, acho que gostei dela!

Eu prendia o riso, mas Lalá estava muito exaltado e não reparou:

— Essa eu não posso perder.

Lalá trabalhou muito naquele dia. E à noite, ele tinha que ficar para vigiar o terreno enquanto eu tinha que passar na casa do dono e falar com ele.

— Zelmai, se eu ficar aqui sozinho, vou morrer de medo...

— Escuta, vamos fazer uma coisa: prendemos um fio nos dois, e se você tiver medo, puxa e eu venho te buscar.

Fui embora com o fio preso na cintura.

Um pouco depois, Lalá apareceu na casa com o fio enrolado como um novelo. Uma vez ali, começou a servir a comida para as mulheres, esperando que ninguém dissesse nada, mas seu Bismilá o surpreendeu e deu uma boa bronca. Depois foram me procurar:

— Zelmai! — disse seu Bismilá —, esse rapaz falou que você o mandou para cá para ajudar a servir.

— Isso não é verdade — respondi, tentando parecer sério. — Lalá, eu te falei para não sair do terreno!

Quando Lalá e eu saímos da casa, começamos a brincar:

---

*Vestimenta feminina que cobre o corpo inteiro e deixa apenas o rosto à mostra. (N. T.)

— Que meninas mais lindas, né?

— E que peitos!

— Sim, e como!

A viagem ao Paquistão

Dois meses depois do casamento de Samira, começou o Aid al-kabir,[*] a Festa do Sacrifício do Cordeiro. São três dias em que as crianças ganham presentes, as pessoas vestem suas melhores roupas para se encontrarem com familiares e amigos. E, por todo lado, animais são sacrificados, geralmente cordeiros. Em seguida, se divide a carne com os pobres e as pessoas mais próximas. É, sem dúvida, a festa preferida de todos no meu país, o mais parecido a uma grande festa ou ao Natal cristão, mas naquele ano eu não estava feliz e meu chefe também não. Fui à sua casa e o encontrei só e desanimado tomando chá em frente à janela. Em seguida, ele se deu conta da minha carranca:

— Zelmai, por que você está tão desanimado?

— É que estou triste porque Samira está longe, tio.

---

[*]Data mais importante do calendário islâmico, quando os muçulmanos se cumprimentam e festejam como os cristãos fazem no Natal. A data celebra a ocasião em que o profeta Ibrahim (Abraão) cumpriria a ordem de Deus e sacrificaria o próprio filho, demonstrando sua fé, mas Deus impediu o sacrifício enviando um cordeiro. (N. T.)

— Pois é, garoto, eu também sinto muita falta dela. Agora mesmo estava pensando em ir visitá-la com meu filho mais novo, Ahmed.

— Vou com vocês — disse sem pensar duas vezes.

Para minha mãe, eu disse simplesmente que não iria dormir em casa por dois dias e tratei de não deixá-la me observar muito, caso contrário teria descoberto a minha empolgação. Estava muito emocionada! Nunca tinha saído do país — a duras penas já tinha saído de Cabul —, e finalmente veria com meus próprios olhos a cidade fronteiriça de Peshawar, tão importante para nós, onde milhares de refugiados viviam como no Afeganistão, mas com as liberdades paquistanesas... Estava impaciente para ver Samira, mas também para escutar música, ver lojas cheias e mulheres andando com tranquilidade e ilesas pelas ruas! Além disso, queria conhecer o caminho para a saída se algum dia decidíssemos fazê-lo.

A questão de fazer a mala foi fácil: eu só tinha dois conjuntos de roupa e o que eu usava naquele dia estava muito sujo e fedia a plantas e bichos. Então, eu só podia vestir o outro. E como casaco, a única opção era a minha jaqueta, cinza por fora e amarela por dentro. Estava velha e surrada, mas eu não tinha alternativa para me proteger do frio intenso daqueles dias, e também dos possíveis olhares para meu peito incipiente.

E assim, rápida, sem nenhuma bagagem, me dirigi à rodoviária, onde tinha marcado com seu Bismilá e seu filho Ahmed, que na época tinha dois anos. O sol ainda não tinha nascido e a rodoviária fervilhava, muito movimentada. Ahmed choramingava porque queria um chiclete e eu tinha pena dos meninos que vendiam balas, porque eram tão pobres quanto eu, mas estavam muito mais desesperados, dispostos a pedir esmola e até a roubar em vez de conservar a dignidade, ainda que fosse passando um pouco de fome.

No meio da gritaria dos vendedores e dos motoristas, que comunicavam o destino dos ônibus, escutamos alguém que chamava o patrão. Era um rapaz jovem com uma mulher coberta pela burca:

— Tio Bismilá! Que sorte ter te encontrado! Ia acompanhar a minha mãe a Peshawar para ver minha tia. Por acaso vocês vão para Peshawar também? Se ela pudesse ir com você, eu economizaria a passagem...

Então, aquela senhora, que era parente distante de Bismilá, se juntou ao nosso grupo. Se alguém nos perguntasse algo, aparentaríamos ser uma família unida como tantas outras. Às seis da manhã, o ônibus partiu. O caminho tornou-se muito longo. A estrada estava em péssimo estado, destruída pelas bombas e, para completar, choveu a cântaros por um bom tempo. Depois de muitos sacolejos nos bancos por conta dos desníveis, paramos no povoado de Surubi, onde havia alguns estabelecimentos precários nos quais era possível fazer uma refeição. Era um lugar diferente, porque os locais para comer ficavam perto de um pequeno lago rodeado de vegetação, que parecia um oásis no meio das montanhas carecas e secas.

Decidi não comer. Eu tinha pouquíssimo dinheiro no bolso e queria guardá-lo caso encontrasse em Peshawar algo que me empolgasse. Meu chefe me convidou a comer, mas eu não queria que ele me pagasse tudo; então lhe disse que não me sentia bem e que preferia descansar. Tentei distrair a minha fome jogando pedrinhas no lago, onde havia duas ou três embarcações feitas com pneus com uns homens em cima, que tentavam pescar sem muito sucesso. Foi uma espécie de tortura, porque vinha até mim o cheiro do que parecia ser *kebab*, sopa de carne e, ainda por cima, o delicioso arroz de Cabul, com pistache, carne e passas. "Claro que, assim que chegarmos, Samira vai me dar algo para comer", pensava para me consolar.

Na fronteira, minha fome passou de uma hora para outra. O ônibus terminava ali o trajeto, e tínhamos que andar até o lado paquistanês depois de apresentar o passaporte. O problema é que nem a senhora nem eu tínhamos passaporte. Seu Bismilá nos olhava impotente enquanto atravessava a fronteira com seu filho. Fiz um gesto com a mão para dizer a ele que ficasse tranquilo, mas minha cabeça estava a mil: tinha que achar uma solução, não pensava em dar meia-volta agora, quando já estava tão perto!

De repente, reparei em dois rapazes que, com um carrinho, levavam as bagagens dos viajantes afegãos para o Paquistão, e vice-versa. E me arrisquei:

— Moça, tem vinte afeganes? — a mulher assentiu. — Então vamos.

Combinei com um carregador que me emprestasse o carrinho em troca de vinte afeganes, e disse à senhora que se sentasse e se segurasse com força. Então, comecei a empurrar o carro correndo e gritando: "Emergência, emergência! Me deixem passar!". Não parei e nem olhei para trás. Simplesmente, segui em frente pelo caminho dos carregadores confiando que nenhum guarda de fronteira se arriscaria a abandonar seu posto para me deter. Tivemos sorte.

Quando chegamos, entre os olhares de curiosidade e de preocupação das pessoas, seu Bismilá estava tão surpreso que não conseguia fechar a boca, e a senhora nos pediu um pouco de água antes de continuar a viagem, porque estava com a garganta seca de medo.

Às cinco da tarde, entramos em Peshawar em um ônibus de linha. Ahmed tinha dormido no colo do pai, com o rosto melado pela cana-de-açúcar que estava mordiscando. Eu, ao contrário, estava acordadíssima, e não parava de olhar para todos os lados: havia muitas mulheres sem chador, pôsteres de cantores afegãos, lojas que vendiam cassetes e filmes! Era um sonho. Escancarei a janela o máximo que pude, aguentando o ar frio, para que entrasse aquilo de que eu sentia falta já havia cinco anos: a música na rua. Estava muito feliz, e não podia parar de apontar aqui e ali para seu Bismilá, que também sorria contente. Comecei a fazer as contas e a pensar se, com o pouco dinheiro que tinha, poderia comprar alguma fita cassete e em como ia me virar para entrar com ela no Afeganistão. Tinha vontade de levar tudo. Aquela liberdade e aquela abundância me embriagavam.

Finalmente, nos despedimos da senhora que fizera a viagem conosco e chegamos à casa de Samira enquanto ela fazia as orações da noite. Esperamos por ela um momento, mas depois sua sogra só deixou que entrassem para vê-la o pai e Ahmed. Eu morria de vontade de abraçá-la, mas claro, os pais de seu marido só viam em mim um garoto que não era da família. No final, Samira insistiu tanto que tínhamos crescido juntas e que eu era como um irmão para ela que me permitiram cumprimentá-la. Rapidamente e sem nenhum tipo de contato físico, claro, mas eu me sentia feliz. Samira estava muito bonita, sinal de que as coisas com sua nova família não estavam indo tão mal.

Depois me conduziram até a sala dos homens e, pouco depois, começaram a trazer bandejas de comida fumegante. Com toda a emoção, eu tinha esquecido, mas de repente a fome acumulada voltou: fazia quase doze horas que não colocava nada na boca! Tive que dividir um tabuleiro com um menino que estava ao meu lado, quatro ou cinco anos mais velho que eu. Sofria porque não queria que ele visse como as mangas da minha jaqueta estavam sujas, mas não podia tirá-la porque teriam visto a forma dos meus seios; assim, tentei comer discretamente, em vez de atacar as porções de carne e arroz, que era o que meu corpo pedia. Aquele menino, no entanto, estava empenhado em fazer com que eu me fartasse:

— Não seja tímido! Coma, coma!

Finalmente, relaxei e aproveitei o ambiente alegre e exuberante da casa. Meu companheiro de jantar, que me apresentaram como Maruf, um primo do marido de Samira, anunciou, quando já estávamos tomando o chá e comendo sobremesa:

— Que bom que vocês vieram! Amanhã, como é o Aid, vamos matar uma vaca e sairemos para dividir a carne. Assim, Zelmai, você vai poder conhecer um pouco mais de Peshamar, e principalmente deste bairro, que é cem por cento afegão.

Eu morria de vontade de passear e, especialmente, de escutar música. Naquela casa não era possível porque o sogro de Samira era um homem muito religioso e não gostava de música, mas Maruf me disse ao pé do ouvido:

— Quando meu tio for embora amanhã, você vai ver as fitas que eu tenho!

Decididamente eu ia me entender com aquele garoto.

Quando as mulheres tiraram a comida, colocamos os colchões no chão e nos arrumamos para dormir. Naquela noite, éramos sete, e nos divertimos muito, porque os homens mais velhos roncavam, e os mais novos riam deles. Gostei daquele ambiente descontraído, mas, ao mesmo tempo, fez com que eu sentisse uma certa saudade disso, porque a minha família havia perdido essa descontração havia muito tempo, talvez para sempre.

No dia seguinte, pouco depois do nascer do sol, chegou um outro parente jovem, e ele, Maruf e eu fomos dar uma volta. Os meninos tinham se mudado para a cidade quando ainda eram muito pequenos e estavam terminando o ensino médio. Era como se fossem de outro mundo, falando dos estudos e dos colegas de classe. Eu os escutava pela metade, porque tinha os cinco sentidos concentrados naquilo que via à minha volta. Tudo me parecia familiar, mas distante: era como a Cabul de quando eu era pequena, com os edifícios de pé, as lojas cheias e a minha música querida tocando por todo lado. Não tinha olhos suficientes para olhar tudo e decidir o que eu compraria com os poucos afeganes que tinha. Finalmente encontrei um livro romântico, *A escolha de Shiraz*, que lembrava de ter visto em minha casa havia muitos anos. Quando meu tio lia o livro em voz alta, minha mãe se escandalizava e dizia que era imoral, mas ríamos discretamente quando a protagonista ia ao banho turco e seu amante suspirava: "Como eu queria ser um sabonete!".

Como eu tinha vergonha de que me vissem com o livro, e certamente também não poderia cruzar a fronteira com ele, procurei algo cortante com o qual eu pudesse fazer um bolso secreto no forro da jaqueta para conseguir escondê-lo. Uma navalha velha e enferrujada que encontrei no chão cumpriu a função. Transbordando de alegria, reencontrei Maruf e o outro garoto, que não sabiam onde eu tinha me metido.

Passamos o dia aproveitando o Aid, que enchia as ruas de festa. Os comerciantes faziam bons negócios, tinha uma feira com atrações iguais às de quando eu era pequena e, assim como naquela época, as crianças brincavam com ovos cozidos pintados, típicos dos dias de festa. Todos desejavam coisas boas: *"Eid mubarac rusá uanamás qabul!"* ("Te cumprimento pelo Aid, que Alá aceite suas orações e seu jejum"), todos falavam com um sorriso, e davam algumas rupias para seus filhos tentarem ganhar um carrinho ou uma fita cassete no bingo, que animava o ambiente com uma música tão alta que parecia que os alto-falantes iam explodir.

Vi como a família de Samira matava uma vaca, uma demonstração visível de poder econômico — poucas famílias podiam se permitir sacrificar um animal tão grande —, e depois eu ajudei a dividir a carne entre vizinhos, conhecidos e desconhecidos. E à noite voltei a participar de um banquete pantagruélico com a carne da vaca e muitos outros pratos dos quais não chegava nem perto tinha muitos anos.

Aquilo parecia um sonho, mas eu não podia ficar nele: se demorasse muito a voltar, minha mãe sofreria demais, de modo que na manhã do segundo dia me despedi de todo mundo, incluindo seu Bismilá e Ahmed, que iam ficar mais uns dias, e me dirigi para o ponto de ônibus. Tinha o objetivo de não perder nenhum detalhe das ruas pelas quais passaríamos a caminho da fronteira, mas, pouco tempo depois, o cansaço me venceu e dormi.

Acordei quando chegamos próximo à Torkham, cidade fronteiriça que era um emaranhado de gente circulando em táxis, micro-ônibus e lojinhas dedicadas a abastecer um viajante de qualquer coisa que precisasse. E, por trás disso, a imagem de boas-vindas era a dos talibãs revistando a bagagem das pessoas e destruindo minuciosamente o que lhes parecia imoral. Um elemento que nunca esqueciam era a música: quando encontravam uma fita cassete, eles a arrancavam e inutilizavam.

Aqueles fios de fitas tremulando ao vento tinham se transformado, assim como suas bandeiras brancas, num símbolo do controle talibã em qualquer ponto do país. E eu, sempre que podia, os pegava. Fitas misturadas, invólucros quebrados... Colocava no bolso rapidamente, e em casa as submetia a uma cirurgia minuciosa para salvar o que pudesse. Com o esmalte mais barato das minhas irmãs, eu colava os centímetros de fita que me pareciam em melhor estado, e a enroscava com paciência em algum cassete que ainda estivesse mais ou menos inteiro. Depois, colocava no velho aparelho Toshiba de segunda mão — ou terceira, ou quarta — e apertava o *play* emocionada. O resultado era, invariavelmente, uma coleção de melodias interrompidas de uma hora para outra, misturadas com canções românticas e ritmos estridentes para mexer a cintura, temperadas com "crecs" e "crocs" quando o leitor do aparelho passava por cima das emendas de esmalte vermelho e que com frequência me obrigavam a fazê-lo avançar com o dedo, mas era música, e a música era liberdade.

Éramos uma legião de pessoas em Cabul dispostas a quase tudo para escutar música. Na verdade, tinha comprado aquele Toshiba desmantelado num mercado clandestino, mas muito conhecido na cidade, de aparelhos de música e cassetes de segunda mão. Como a maioria dos aparelhos vinha das verificações dos talibãs, precisavam de alguns reparos para voltarem a ser vendidos. A maior parte tinha areia por todo lado, porque muita gente os enterrava para escondê-los, e era necessário tirá-la com cuidado. E, na falta de peças sobressalentes, a imaginação se impunha: se um aparelho funcionava, mas tinha parte de sua estrutura quebrada, era coberto com uma fronha de tecido colorido feita sob medida. Assim, pelo mesmo preço, tínhamos toca-fitas personalizados. "Turbinados", podíamos dizer.

Eu tive sorte naquele dia em que voltava do Paquistão. Não descobriram o livro que havia escondido na minha jaqueta, e, além disso, pude juntar alguns cassetes aproveitáveis. Enquanto esperava a chegada do ônibus que me levaria até em casa, escutei o barulho de algo se quebrando perto de mim e uma mulher se lamentando, até que o homem que estava com ela a afastou rapidamente, puxando-a pelo braço. O que acabara de quebrar era um frasco de óleo aromático. Sem pensar duas vezes, comecei a passá-lo por todo o corpo, quase me joguei na mancha que ficara no chão. Fiquei muito empolgada porque nunca tinha me perfumado, e, além disso, pensei que poderia esconder o fedor de suor. Mas logo me dei conta de que tinha sido uma má ideia. Primeiro porque o óleo atrai a poeira, e fiquei muito mais suja do que já estava. E segundo porque, quando entrei no ônibus, alguém exclamou: "Que cheiro forte de perfume de mulher!". Meu pesadelo: alguém poderia ligar os pontos e me descobrir.

Quando o ônibus deu uma parada, procurei uma fonte e tentei me lavar, mas não tinha jeito: o óleo repelia a água com obstinação e a coisa toda não melhorava em nada. A única solução era comprar alguma peça de roupa para me trocar. Por isso decidi descer em Jalalabad, que eu conhecia bem depois do tempo em que ficamos no campo dos refugiados, e sabia onde podia encontrar roupa de segunda mão por um bom preço. Não foi fácil: o motorista do ônibus insistia que eu teria que pagar do mesmo jeito o trajeto até Cabul, e eu só queria pagar o valor até Jalalabad. No final, deixei o dinheiro que correspondia à metade da passagem e saí correndo. Por que nada era fácil para mim?

Para me acalmar e recuperar o bom humor, fui andar nas ruas onde estavam os vendedores de animais vivos. Fiquei encantada olhando os papagaios que falavam, de dentro das gaiolas: "Salaam! Salaam! Você tem o nariz grande!", e, sem me dar conta, ficou tarde. Tinha que comprar a roupa e pegar o ônibus que me levaria para casa rapidamente.

No fim das contas, fiz o trajeto quando já estava escuro, e de uma forma muito perigosa: para economizar o dinheiro de uma passagem normal, pedi ao motorista que me deixasse ir em cima do ônibus. Primeiro, ele se negou, porque disse que era muito arriscado, mas finalmente permitiu.

Chegamos a Cabul no princípio da noite, e eu custei a me recuperar do frio e do medo que enfrentei, tanto tempo agarrada e resistindo aos solavancos que a qualquer momento podiam me jogar na sarjeta. Naquela hora, os ônibus já não rodavam mais e eu não queria gastar dinheiro num táxi para voltar para casa, então comecei a correr. Os sapatos, de borracha, grudavam na lama, mas eu não queria parar. E, mais perto de casa, os cachorros das propriedades próximas começaram a me seguir e a ladrar. Joguei pedras neles, como minha mãe tinha me aconselhado muitas vezes, e eles me deixaram em paz.

Quando cheguei em casa, minha mãe saiu com um lampião e me viu: sujíssima, suada, arrebentada. Pouco depois, um pouco mais limpa, depois de me lavar com a água de esfregar os pratos — que reutilizávamos várias vezes —, expliquei minha aventura à minha mãe. A alegria, os banquetes e abundância de Peshawar já pareciam ficção científica.

Apesar do cansaço, comecei a consertar as fitas, as provas de minha primeira viagem ao estrangeiro.

Mulá Zelmai

ALGUNS SONS DA MINHA INFÂNCIA FICARAM gravados nos meus pesadelos. Como os que as bombas faziam sibilando e depois explodindo, dia e noite, por todo lado, durante a guerra civil. Quando eu as escutava, sentia uma pontada que me percorria o corpo e me enchia de um terror eletrizante e paralisante. Depois, na época de paz dos talibãs, outro barulho aterrorizante foi acrescentado: o do grito dos condenados por roubar, quando os talibãs cortavam suas mãos. Faziam a mutilação em praças ou em antigos campos esportivos, depois da cerimônia que representava o julgamento. Como faziam esse espetáculo para dar uma lição, na ausência de público, eles iam buscá-lo, e uma vez, me obrigaram a assistir. Os talibãs andavam como cachorros procurando presas, e se você tivesse o azar de passar por ali às sextas-feiras depois das orações da tarde, te forçavam a segui-los. Com um porrete, eles nos ameaçavam para que não caíssemos na tentação de fugir, como se fôssemos cordeiros e nos levassem para o matadouro. Naquele momento mutilavam outra pessoa, mas qualquer outro dia podia ser um de nós. Meu coração batia com força e eu desviava o olhar quando levavam aqueles pobres infelizes para o centro da praça, com as pernas tremendo, brancos de medo e pedindo clemência. Mas os talibãs, que se definiam como o exército de Deus, aplicavam felizes e convencidos o "olho por olho, dente por dente". E depois de recitar trechos do Alcorão e a sentença ditada pelo tribunal religioso-militar, uns médicos encapuzados cortavam os pulsos dos réus com facas longas e afiadas. Poucos dias depois, enquanto circulava de bicicleta pela cidade, via aquelas mãos escurecidas, penduradas por fios elétricos para que não nos esquecêssemos nunca do que nos aconteceria se nos atrevêssemos a desafiar as leis. Ver aqueles restos meios apodrecidos me fazia estremecer, porque podia imaginar muito bem como aqueles homens estariam sofrendo. Acelerava o máximo que podia, mas parecia que os gritos me perseguiam.

Estava muito aborrecida com Deus. Como era possível que Alá, que era uma parte tão importante da nossa vida, promovesse tantas injustiças e crueldades? Se era verdade que os talibãs seguiam a lei divina, eu queria que não contassem comigo.

Mas, claro, isso era impensável, mais ainda naquela época. Todos os meninos eram obrigados a assistir às aulas de religião na mesquita, que naquele momento era o mais perto que tínhamos de uma escola. A maioria saía tal como havia entrado — no máximo aprendiam a ler um pouco o Alcorão, sem entendê-lo e sem fazer nenhuma pergunta —, mas eu tinha vontade de aprender e dar um passo adiante.

No primeiro dia de aula pensei que não conseguiria. Quando entrei, vi muitos meninos, divididos em três grupos de acordo com a idade (pelo menos uns eram mais altos que os outros) e sentados organizadamente. Todos tinham o Alcorão à sua frente e balançavam o corpo ritmicamente enquanto liam. O efeito geral era um zumbido constante. Aquilo parecia uma colmeia cheia de abelhas obedientes, com o mulá sentado no chão na frente de todos, como se fosse a abelha rainha.

Eu não sabia nada. Minha mãe era uma mulher muito religiosa, mas não tivera tempo de me ensinar muitas coisas. Além disso, se supunha que eu era um menino, e esse era um território no qual ela não podia pisar. Portanto, o único jeito era pedir ajuda ao mulá se eu quisesse aprender a ser um bom muçulmano. Observei-o por alguns dias para tomar coragem e tentar descobrir se era um homem acessível. Estudei seus gestos, sua aparência. Era velho, usava uma barba branca bem longa e sempre estava vestido completamente de branco. Não o vi repreender nem bater em ninguém, era um homem de poucas palavras e parecia gentil. Finalmente, me atrevi a me aproximar, embora só os mais velhos costumassem consultá-lo.

Estava com os olhos fechados, como se dormisse, então disse a ele timidamente:

— Se... senhor mulá, por favor, queria fazer uma pergunta. Que orações devo fazer enquanto tomo banho?

Quando abriu os olhos, eles me surpreenderam por estarem brilhantes, embora não os pintasse de preto como faziam muitos religiosos. Sorriu para mim com carinho, e o rosto se iluminou. Me dei conta de que tivera sorte. Era um homem conservador, mas não dogmático, era sábio e bondoso, e diante das minhas perguntas, certamente impróprias para um menino da minha idade, em vez de se chatear — como eu temia —, se mostrou feliz de ser meu mestre. Pacientemente, ele me ensinou as práticas e me corrigiu enquanto eu aprendia a ler as suras do Alcorão. Também traduziu para mim muitos trechos do árabe para minha língua, o dari, e assim fiz minha grande descoberta: como já suspeitava, Deus não manda bater nas mulheres na rua se não estão acompanhadas, nem proíbe brincar com pipas, não é contra as pessoas que riem ou cantam, nem é a favor da violência... Convenci-me de que quem dizia isso era porque era ignorante ou uma má pessoa.

Fiz as pazes com Deus.

Gostava muito do estudo do Alcorão, e não havia um dia em que não fosse à mesquita antes do amanhecer para falar com o mulá por um momento. Eu me transformei em uma pessoa em quem ele confiava. Tanto que seu ajudante tinha ciúmes de mim. Achava que eu ficaria com seus privilégios: ter um lugar onde dormir e poder ficar com a comida das pessoas que levavam algo para a mesquita. Custei a convencê-lo de que não tinha nenhum interesse em ocupar seu lugar. Eu só queria aprender, queria me impregnar da voz bonita e grave do velho mulá que me dava esperança...

Um dia, saí para comprar comida e escutei a voz de um menino que gritava:

— Mulá Zelmai, mulá Zelmai!

"Que engraçado!", pensei. "Não conheço o mulá que tem o mesmo nome que eu." Antes que tivesse tempo para me virar e ver quem gritava, senti que uma mão me puxava pelo ombro e fazia com que parasse. Era o filho do comerciante que tinha acabado de me vender as lentilhas do jantar:

— Mulá Zelmai, o senhor esqueceu o troco — disse enquanto me dava umas moedas.

— O... obrigada, rapaz — balbuciei, pegando-as.

Mulá? Eu? No dia seguinte contei, rindo, ao meu mulá, mas ele não riu.

— Todo mundo sabe que você é muito religioso e tem minha confiança. Além disso, você sabe mais coisas do Alcorão que a maioria, Zelmai. Por que você não me ajuda hoje? Eu gostaria que ficasse ao meu lado enquanto comando a prece da manhã. Sinto dor nos joelhos e acho que não vou poder fazer todos os movimentos. Você os fará por mim.

Cumpri da melhor maneira a função que ele me designou. Para mim era muito emocionante estar diante de todos os homens, e ao lado do mulá, e queria que ele ficasse feliz comigo. Enquanto durou a oração, fiz um esforço para manter o rosto bem solene.

Mais para a frente, inclusive, cheguei a ter a chave da mesquita. No entanto, um dia, essa confiança teve consequências indesejáveis.

Enquanto eu estava na mesquita lendo o Alcorão que havia comprado, vi que os talibãs se aproximavam do mulá. Sem levantar os olhos do livro, e sem deixar de murmurar, agucei meus ouvidos.

— Mulá, você já fez a lista de homens do bairro?

— Sim, está aqui.

— Então, anda, mande seu ajudante fazer com que eles entrem na mesquita para a oração da manhã.

— Meu ajudante tem mais de noventa anos, não acho que ele possa perseguir ninguém...

— Mas o senhor tem estudantes, não é?

— Sim, tenho. — O mulá respondia com uma parcimônia incomum, como se quisesse estender o momento ou, justamente, deixá-los nervosos.

— Então, chame alguns, anda!

— Claro...

— ...

— Zelmai! Hawad! Siddig!

Levantei a cabeça, fingindo surpresa. Os três olharam para mim e para os outros meninos.

— Venham!

Coloquei um marcador no livro e me levantei do chão. Quando me aproximei deles, um dos talibãs me pôs uma vara na mão, e deu outras aos demais.

— Vão buscar os homens e os meninos do bairro, e àqueles que se negarem a segui-los, apliquem uma boa porrada na bunda. Nós iremos atrás para que ninguém se atreva a nos enfrentar.

Olhei o mulá procurando sua aprovação, e vi que tinha a cabeça baixa, como se não se sentisse à vontade com a tarefa.

— Tudo bem.

E foi assim que me vi atuando como polícia religiosa ocasional. Com a vara na mão, com uma missão tão santa, pude entender a sensação de embriaguez de ser um Trabalhador Oficial de Deus, do

Bem... e também da autoridade. Durante um momento não tive medo dos talibãs, e as pessoas não se atreviam a me desprezar por eu ser pobre e ter o rosto desfigurado. Queria acreditar que o que fazia era correto, e além de tudo, gostava de sentir o respeito de todos por mim. Pelo menos uma vez, não era eu quem sentia medo. Inclusive, eu me permiti me vingar, com um bom golpe de vara, de alguns meninos que riram de mim. E comecei a me virar sem cerimônia quando alguém me chamava de "mulá Zelmai".

Claro que não era isso que eu amava em Alá. Eu havia procurado o Deus da paz, do amor e da justiça, e me deixara seduzir por aquele que o destruía. Fazia parte dos que se impunham na porrada. Os muçulmanos vaidosos, autoritários e violentos. Não queria reconhecer, mas voltava a estar perdida.

Naquela ocasião foi o irmão do meu chefe, o sr. Khalil, quem abriu a porta. Ele fazia parte da irmandade sufi, uma ramificação mística muito antiga do islamismo que, embora não fosse muito do agrado dos talibãs — já que fugia do seu controle e procurava o contato direto com Deus —, era tolerada porque não podiam negar sua pureza religiosa.

Amid, o filho do meu chefe, de vez em quando me explicava algumas coisas da comunidade do seu tio, e nós dois ríamos daquelas práticas estranhas. Amid imitava os sons guturais que faziam em suas cerimônias:

— Gnnn! Gnnn! Gnnn! Parecem que estão engasgados!

Não gostava muito de Amid, mas naquele assunto eu concordava com ele, e desconfiava daqueles homens que se dedicavam horas e mais horas a fazer coisas tão estranhas.

Numa madrugada, o próprio sr. Kalil falou de sua irmandade. Era um verão, e ele me contratara para vigiar a imensa montanha de trigo que tinham acabado de ceifar. Queria evitar roubos e, por isso, precisava de alguém que montasse guarda no campo a noite inteira. Fazer isso era muito perigoso, porque a menor centelha podia incendiar a montanha de trigo num piscar de olhos e, mesmo pagando bem, não havia nenhum voluntário para fazer o trabalho. Nesses casos, já sabia que podia contar comigo: eu aceitava todos os trabalhos sem me importar com os riscos e as horas sem sono. Tinha que levar comida para minha casa — e era só isso o que importava —, e o que eu recebia por mês não dava nem para o básico. A vida tinha ficado muito cara desde que a guerra terminara, e eu precisava do dinheiro a mais desses trabalhos especiais, pelos quais cobrava em espécie: um saco de trigo, uma lata de óleo, um pacote de açúcar, ou um pouco de carne seca de cordeiro ou de novilho que tinham matado no inverno. E pelo menos naquela época não tínhamos convidados em casa, porque teríamos que tirar do prato o pouco que tínhamos para sobreviver.

Aquela noite estava tranquila e, se não fosse pelo cansaço, estaria até feliz: era agradável ficar ao ar livre naquelas horas em que a terra começava a se recuperar dos efeitos do sol escaldante. Não fazia frio nem calor, e eu me distraía olhando as estrelas no céu limpo de princípios de julho. Então, vi que seu Khalil se aproximava, e me coloquei em posição de guarda. O que ele queria àquela hora? Em um décimo de segundo repassei mentalmente todas as razões desagradáveis que ele podia ter para deixar sua família e casa para falar comigo no meio da noite: que tinha descoberto que eu era uma menina e queria me ameaçar; que gostava de meninos e queria abusar de mim... Estava tão nervosa que, depois de cumprimentá-lo da forma mais educada que pude, pedi que me desculpasse porque tinha que rezar.

Com as mãos tremendo, estendi o *patú* no chão, a alguns metros de Khalil, e comecei a rezar. De fato, fiquei no piloto automático porque precisava pensar. O que aquele homem queria? O que eu podia fazer se me atacasse ou descobrisse quem eu era?

Mas as suas intenções não tinham nada a ver com os meus temores.

— Zelmai, você é um menino muito especial. Você me contou que é o mais novo de quatro irmãos e mesmo assim trabalha muito por sua família. É realmente uma pessoa muito religiosa, que reza e observa o Ramadã sem que ninguém precise te obrigar. Vejo inclusive que, enquanto jejua, você trabalha horas e horas e é capaz de passar muitas noites sem dormir...

Eu escutava... Aonde ele queria chegar?

— Falei sobre você com o mestre da minha irmandade, a *tariqa*,[*] e contei o que você faz. Ele me disse que gostaria de conhecê-lo, porque acha que você é um menino tocado por Alá, um *baraqat*. Por isso pode comer e dormir pouco e trabalhar muito. Faz essas coisas milagrosas graças a Deus.

Eu me dei conta de que Khalil me olhava com veneração.

— Venha um dia visitar a *tariqa*, por favor. E se algum dia precisar de algo, não hesite em me pedir.

— Não, eu não preciso de nada — disse com meu tom arisco de sempre.

— Evidente, é claro que você não precisa de nada de mim porque Alá te protege, mas saiba que pode contar comigo para o que quiser. Eu não tenho filhos...

Seu Khalil começou a chorar, emocionado. E eu também comecei a chorar. Ele me olhou, pensando que eu tinha me comovido, mas não: eu não acreditava que fosse nenhum santo nem nenhum mago. E eu era só uma pirralha de quatorze anos que sentia uma vontade enorme, quase dolorosa, de dormir.

---

[*]Confraria exotérica islâmica. A *tariqa* é uma corrente mais contemplativa e mística do Islã e seus praticantes são denominados dervixes. (N. T.)

A CASA DAS VELAS

DESDE AQUELE DIA, SEU KHALIL COMEÇOU a me cumprimentar sempre e com certa deferência, de tal forma que parecia que nós compartilhávamos um segredo. Isso provocava a curiosidade dos meus companheiros da fazenda, e um grande incômodo para mim. Não queria, de maneira nenhuma, chamar a atenção; não gostava que me tomassem por uma espécie de santo; e em nenhum momento pensei em ir conhecer seu mestre da *tariqa*. Mas o meu destino era acabar indo, porque, pouco tempo depois, saindo da mesquita, reencontrei um antigo companheiro de trabalho que ficou muito feliz em me ver e, após conversarmos alguns minutos, me convidou para participar um dia da reunião da sua *tariqa*. Depois de comprovar que, apesar de compartilhar da mesma filosofia, não era o mesmo grupo que o de seu Khalil, aceitei o convite.

Na sexta-feira pela manhã fui ao local que meu amigo me indicou: uma casa no centro, feita de barro no estilo tradicional, que aparentemente tinha resistido intacta às mazelas da guerra. Bati na porta e quem me atendeu foi um homem muito, muito enrugado e que não tinha mais muitos dentes.

— Bom dia, senhor. Eu sou um amigo de Massud, Zelmai.

— Seja bem-vindo, Zelmai. Pode entrar, por favor.

O homem, tocando levemente meu ombro com sua mão ossuda, me guiou pelo que deviam ser os cômodos de sua casa — uma casa simples — até uma sala com a porta fechada. Abriu-a e me fez um gesto para que eu entrasse primeiro. Imediatamente, meus olhos se apertaram para poder ver algo naquele cômodo meio na penumbra, graças às cortinas vermelhas, bem opacas, que cobriam as janelas. Quando acostumei a vista, verifiquei que era uma sala não muito grande, com vigas de madeira visíveis no teto, e o chão coberto de tapetes que, anos atrás, deviam ser bonitos. Nas paredes havia pôsteres com trechos de textos religiosos e, distribuídas estrategicamente, quatro ou cinco velas — a única fonte de luz artificial que vi — que gotejavam sobre os restos de muitas outras velas derretidas. Talvez ainda estivessem moles, porque fazia pouco tempo que o sol saíra, e na sala se conservava o cheiro doce da cera. Eu adorava colocar os dedos na cera quando ainda estava morna, mas não tive tempo nem de pensar em fazê-lo porque, quando entrei, os quatro homens que estavam sentados no chão se levantaram para me cumprimentar com um sorriso nos lábios. Eu só conhecia Massud, o mais novo do grupo, mas os outros também me acolheram afetuosamente, como se nós nos conhecêssemos a vida toda. Um a um, seguraram minhas mãos, me deram as boas-vindas e agradeceram por eu estar lá. Eu estava acostumada com o estilo grosseiro do campo, por isso aquela cordialidade me tocou o coração. Era como se tivesse entrado em outro mundo, e logo percebi que me sentiria bem à vontade. Sentia vergonha de lembrar como eu ria junto com Amid das *turuq*,* dizendo que eram um refúgio de loucos. Nunca tinha me sentido tão bem apenas de entrar em um lugar.

Depois de me apresentar, me convidaram a sentar entre eles, em círculo. Em silêncio, escutei como explicavam as sensações e as

---

*Plural de *tariqa*. (N. T.)

visões que tiveram durante as orações da noite. Estavam reunidos desde meia-noite, quando tinham começado a recitar suas preces ritmicamente, sem interromper, como uma espécie de mantra budista, e isso os levara, depois de um tempo, a um estado mental que favorecia vivências e sonhos muito especiais. Ao amanhecer, e depois de um café da manhã para recuperar forças, quando eu cheguei, era o momento de cada um contar suas experiências: um dizia que vira um homem vestido de branco que se aproximava dele e irradiava paz, outro estava chocado porque tinha visto a si mesmo sangrando... O mestre da comunidade — o homem que me abrira a porta — interpretava o significado de cada sonho. Alguns contavam coisas realmente perturbadoras, mas ninguém ria: todos escutavam uns aos outros, principalmente ao mestre, com muito respeito. Depois dos seus comentários, pareciam ficar calmos.

Eu também queria viver uma experiência tão intensa, queria sentir que fazia parte de tudo aquilo pelo menos uma vez, e perguntei ao mestre se me deixaria ir na próxima quinta-feira à noite. Ele me explicou que normalmente os meninos iam acompanhados do pai ou do avô, e de qualquer forma não era conveniente que eu passasse a noite inteira rezando, como os outros. Recomendou que na próxima quinta eu fosse dormir bem cedo, e que fosse para a reunião às quatro ou cinco da madrugada.

Deixemos falar ao coração

Minha mãe levou um susto quando me ouviu levantar às duas e meia da madrugada. Com um carinho rápido, tranquilizou minha irmã mais nova, que também abrira os olhos.

— Mãe... mãe, tá tudo bem, calma — sussurrei. — Hoje vou trabalhar mais cedo, mas voltarei no mesmo horário.

— Mas...

Não queria contar a ela para onde eu ia porque tinha medo de que não aprovasse. Eu também tinha minhas dúvidas, porque, embora parecessem boas pessoas, aquelas práticas ainda eram estranhas para mim. O sufismo é um movimento muito antigo, mas heterodoxo o suficiente para assustar aqueles que, como eu, cresceram num mundo dividido entre o bem e o mal, o religioso e o infiel, a ordem e o caos. Tudo era preto no branco, e tínhamos medo de qualquer coisa que colocasse em dúvida esses limites tão claros. Podia ser pecado ou transgressão — que naquela época se confundiam e não sabíamos onde começava um e acabava o outro —, e mesmo assim tínhamos medo do castigo divino ou humano, que também, com frequência, vinha a ser o mesmo. Na sexta-feira passada, escutara falar da comunicação com Deus sem intermediários, de viver a experiência com intensidade, de paz e de amor. Não ouvi falar de obrigações nem de textos para memorizar, nem de porretes nem de olhos furiosos. Era uma proposta para viver a transcendência com liberdade, duas palavras que faziam meu estômago formigar: formigamento de emoção e de vertigem ao mesmo tempo.

Completamente desertas àquela hora da manhã, as ruas destruídas de Cabul pareciam totalmente fantasmagóricas às quatro da madrugada. Mas eu já estava acostumada com a desolação e, naquele dia só tinha uma coisa na cabeça: estava a ponto de viver uma experiência que talvez mudasse minha vida. Precisava voltar a entrar em harmonia com o mundo, comigo mesma. Tinha assuntos pendentes com Deus e, quem sabe, aquela *tariqa* me ajudaria a resolvê-los.

O mestre abriu a porta para mim, como na semana anterior. Sorriu para mim, mas não me disse nada enquanto entrávamos. Conforme nos aproximávamos da sala, escutávamos o som grave e rítmico dos homens rezando. Um som baixo, gutural, que me impressionou. Na sala de reunião, o ar estava denso, carregado, e tive a sensação de entrar num lugar antiquíssimo. O grupo estava sentado no chão e recitava, sem parar, aquele misterioso mantra com os olhos fechados. Com cada "hummm" mexiam a barriga e a cabeça para a frente, soltando o ar pelo nariz com força. Passei perto deles com muito cuidado, porque tinha medo de acordá-los. Pareciam estar muito longe, perdidos dentro de si mesmos.

O mestre fez um sinal para que eu o acompanhasse até um canto. Nós nos sentamos um de frente para o outro, com um gesto sério. Depois de uns minutos, escutei:

— Zelmai, obrigado por ter vindo. Por que você voltou? O que está procurando?

— Quero ficar mais perto de Deus.

— É muito difícil de conseguir, não acho que você possa fazê-lo.

— Sim, claro que poderei.

— Zelmai, é muito, muito difícil.

— Eu vou conseguir.

— Eu não sou ninguém. Só posso te contar a minha experiência. Diz para mim o que você quer.

— Quero ser uma boa pessoa! Quero deixar de sentir raiva e de tratar mal os outros. De gritar e proibir tudo para minhas irmãs, de fazer minha mãe sofrer, de querer magoar todo mundo.

— Concentre-se, feche os olhos. Você pode se conectar com Deus e pedir a Ele o que quiser. Deus está contigo, e em todas as partes.

O mestre me explicou que, para chegar a um estado de comunhão com Deus, tinha que repetir o tempo todo a mesma coisa: "Deus é único, Deus é único, Deus é único...".

— Mas não se diz com a boca, apenas com o coração. Por isso não se escutam palavras, mas o som que sai de dentro.

Aquela repetição incessante, segundo ele, fazia com que nos libertássemos, por um momento, do mundo material e das preocupações mundanas e possibilitava que fôssemos mais longe, a um plano espiritual. Exatamente do que eu precisava.

De início, custei a me concentrar. Tinha medo de não fazer direito e de perder o ritmo, mas, depois de um tempo, a recitação começou a ir sozinha, e em algum momento deixei de pensar. Foi como se entrasse num sono leve: escutava o som dos outros, que me acompanhava, e o meu, mas me esqueci da presença deles e, de certa forma, da minha também, e senti que devia ser minha alma flutuando suavemente. Aquele murmúrio, hipnótico, tranquilizador, funcionava.

No dia seguinte pela manhã, ao sair daquela casa de barro que as bombas haviam preservado, senti que estava em paz.

Os noventa e nove nomes de Deus

Lá fora, no entanto, o mundo continuava hostil do mesmo jeito. E aquele aconchego rapidamente acabou. Desanimada, na semana seguinte fui falar com o mestre.

— Sou ruim, mestre. As pessoas não me entendem, me tratam mal e, quando me magoam, não consigo me controlar e as ataco com ameaças, insultos ou pedras...

— Deus não nos permite magoar ninguém. Você tem sempre que responder bem. E quando sentir que seu sangue está fervendo, lembre-se de que é culpa do demônio. Pense em Deus e pare antes de machucar alguém. Vai te ajudar se repetir um dos nomes de Deus.

Segundo o islamismo, Deus tem noventa e nove nomes. Cada um é uma qualidade: o Clemente, o Misericordioso, o Pacificador, o Indulgente, o Justo, o Sábio, o Amoroso... O conselho do mestre foi que escolhesse o nome que mais se adequasse a cada situação difícil e que o dissesse com convicção, para que Deus me desse a força de que eu precisava:

— Zelmai, se você sofre porque é muito pobre, não deixe que o demônio te faça invejar o que os outros têm. Pense em Al-ganí, o

Rico, e vai se sentir melhor. Quando se sentir fraco, pense em Al-qabí, o *Forte*. E se você acha que os outros mostram egoísmo, pronuncie Arrahmon, o *Generoso*.

Fiz para mim mesma uma armadura com todos aqueles nomes. Como se fossem xaropes, eu os tomava quando sentia que aumentava a raiva, a tristeza, a impotência... Se alguém me desprezava, escolhia um dos frascos rapidamente e tomava a primeira dose com fúria, com desespero, para estancar a agressão. Passando o primeiro momento, deixava que a palavra derretesse na minha boca, várias vezes, até que os sentimentos ruins se dissipavam.

Depois daquele primeiro mestre, eu tive outros em outras comunidades não tão místicas. O que tinham em comum era que se tratava de lugares onde todo mundo era bem-vindo e respeitado, nos quais se acreditava em um Deus amoroso que promulgava a paz. Conheci homens sábios e me senti aceita, embora muitos dos que iam a esses lugares fossem pessoas abastadas, e eu me vestisse como um menino pobre do interior.

E de vez em quando me permitia esquecer minhas preocupações religiosas e responsabilidades como chefe de família e fazia o que o corpo me pedia: coisas de adolescente. E aproveitava as sextas-feiras para brincar com as pombas que tinha em casa, ou sair para passear com os meus amigos e contar piadas. Inclusive, alguns dias, soltávamos pipas, aproveitando que os mulás que controlavam o bairro eram permissivos com isso. Como alguns de seus filhos também gostavam muito e estávamos longe do centro... Nada a ver com aquelas competições de quando éramos crianças, com pipas sofisticadas, com a expectativa de toda a vizinhança e a glória para o vencedor, mas eram pipas, e nós éramos jovens.

Al-gafur, *o que tudo perdoa*.

"Quatro quilos de iogurte"

"Quatro quilos de iogurte". Essa foi a primeira frase que escrevi e uma das coisas que me fez mais feliz na vida. Sei que o mais natural teria sido começar com o vocabulário familiar, como "mamãe", "papai" ou, quiçá, meu nome, que é o que fazem as crianças pequenas quando começam a escrever palavras, mas eu já não era pequena. Tinha quinze anos completos, e debaixo do monte de roupa, meu corpo já era o de uma mulher.

No Afeganistão, três quartos da população são de analfabetos. Minha mãe fazia parte dessa maioria esmagadora, que nunca aprendeu a ler nem a escrever. Convivia com os livros do meu pai da mesma maneira que com os vasos que tínhamos para decorar as estantes; eram objetos que não despertavam nela nenhuma curiosidade. Minha mãe também fazia parte da grande maioria de pessoas que pensavam que, para uma mulher, os estudos não servem para nada. Acreditam que, geralmente, no Afeganistão, as mulheres não saem de casa nem sequer para fazer compras, por isso, não precisam ler as placas, nem comparar preços nem, claro, precisam aprender uma profissão, porque nunca trabalharão fora de casa. Para cozinhar, lavar e criar os filhos, os ensinamentos das mães, irmãs e sogras bastavam. E o resto das qualidades de uma mulher — ser submissa e complacente com o marido, eficiente para a família e invisível para o resto do mundo — exigem menos ainda a necessidade de um diploma. Como minha mãe dizia, "é preciso aceitar que quando dizem que o leite é preto, é porque ele é preto".

Em casa estava bem claro que Zelmai tinha que se formar, meu pai era exigente com ele e dedicava todos os esforços necessários para empurrá-lo a vencer a preguiça. Eu fui levada para a escola um pouco por inércia, porque meu irmão ia também, mas aproveitei muito. Até minha mãe, durante o curso, ficou animada com o meu entusiasmo e tentava me ajudar, embora fosse mais teimosa que adequada e provocou as zombarias do meu pai.

Durou pouco aquela etapa escolar, interrompida pela guerra, mas foi o suficiente para eu descobrir que adorava aprender e que o fazia com facilidade. Conforme fui crescendo, entendi que estudar, além de ser um prazer, era uma necessidade. Como menino que era, e principalmente como a mulher livre que queria ser, tinha que me formar a qualquer preço. E chegar à universidade, se fosse possível. Lembrava com frequência que meu pai sempre dizia que a ignorância dos homens era a base da maldade e das guerras. E eu acrescentava: também da marginalização e da mentira.

No entanto, durante muitos anos, a escola esteve fora do meu alcance. E quando via as pessoas que sabiam escrever, que tinham caneta e papel, passava a respeitá-las instantaneamente. Que sorte tinham por saber tanto! Sentia-me ignorante até mesmo diante da meia dúzia de garotinhos que se encontravam no campo para brincar quando saíam da madraça, a escola religiosa, que era a única que os talibãs permitiam. Eles me chamavam de "Comandante", e eu procurava demonstrar autoridade diante deles, mas sentia uma inveja enorme porque podiam estudar, ainda que fosse com aqueles mulás provincianos que se fingiam de professores... Quando chegavam ao campo, se apressavam a tirar o turbante, branco ou preto, que eram obrigados a usar na escola, e às vezes, nas sextas-feiras os transformavam em embrulhos para guardar as tâmaras que colhíamos: eu, em cima de uma árvore, e eles, embaixo, prontos para pegar as frutas.

Eu gostava de lhes perguntar o que tinham feito naquele dia, e às vezes me recitavam as preces que ensinavam a eles, ou liam para mim as redações que eram obrigados a fazer e, embora procurasse mostrar seriedade, como se aplicasse uma prova, eu me derretia por dentro. Todos reclamavam que estudar era tedioso, e me diziam que eu tinha sorte de ficar o dia inteiro na fazenda, mas eu preferiria mil vezes trocar com eles. Tinha uma vida muito dura e às vezes tinha dúvidas de como enfrentar os problemas sem recorrer à violência. Por isso, aqueles meninos que iam me ver e brincar no campo inventaram para mim outro nome além de Comandante: "sr. Louco".

Um dia, Amid me disse que seu primo chegara a Cabul, e sabia escrever os nomes das pessoas em inglês. Eu fiquei empolgadíssima. Quando o menino foi para a fazenda, eu o cumprimentei com grande respeito, embora ele estivesse sujo e não parecesse muito arrumado, e pedi para que escrevesse o meu nome em inglês: "Zel-mai". O menino olhou minhas mãos.

— Você não tem nem papel nem caneta! Como quer que eu escreva?

— E se você escrever com uma pedra no chão? Depois eu copio em um papel.

Rodeei a palavra com pedras para protegê-la... mas quando voltei da casa de um dos trabalhadores com papel e um bloquinho, alguém havia pisado nela.

Maruf

Foi outro parente de seu Bismilá que me encaminhou definitivamente para os estudos: Maruf, o menino que eu conhecera na viagem ao Paquistão. Ele e eu tínhamos vivido em mundos diferentes: sua família tinha dinheiro, e ele, que fora criado no Paquistão, estava no ensino médio. Apesar disso, essas diferenças não foram impedimento para que nos déssemos bem de cara e nos tornássemos amigos. Eu me senti tão orgulhosa que alguém com estudo como ele se interessasse por um pobre empregado ignorante como eu! Maruf não era uma pessoa que ligava para isso.

No fim de alguns meses, quando terminou o curso, Maruf voltou a Cabul com sua família, e ia me ver frequentemente. Amid estava com ciúme da nossa amizade, e eu com inveja porque Amid ia para a escola. Nossa relação sempre foi difícil, e Maruf logo se deu conta disso.

— Não sei como você suporta Amid e este trabalho — dizia. — Eles te exploram aqui!

Falava claramente, era livre e me aceitava tal como eu era. Aquilo era novo para mim e me agradava. Foi um desses momentos em que a vida está prestes a dar uma reviravolta, embora eu não soubesse.

Maruf não tinha nenhum problema em arregaçar as mangas e nos ajudar nos trabalhos da fazenda. Assim, enquanto trabalhávamos, podíamos conversar por horas a fio. Por isso me preocupei quando Maruf, um dia, me contou que seu pai não gostava que ele estivesse sem fazer nada durante as férias, e que a partir do dia seguinte teria que trabalhar numa lojinha que abrira para ele. Eu não estava disposta a perder meu primeiro amigo de verdade e, quando escutei que seu Bismilá dizia que nós proporcionaríamos o iogurte para a loja, logo me ofereci para fazer a entrega. Disse por alto, como se não desse a mínima e, inclusive, com um pouco de preguiça, mas por dentro pulsava de entusiasmo. Se meu chefe dissesse que sim, eu poderia sair da fazenda de vez em quando e passar um tempo com Maruf... e longe de Amid! Infelizmente, a mulher do chefe só fazia iogurte duas ou três vezes por semana, e só se não houvesse convidados em casa e não precisassem do leite das vacas.

Todas as manhãs, minha primeira tarefa era levar as duas vacas, o burro e os quatro cordeiros do curral, que ficava na parte inferior da casa, até o campo onde pastavam. Como ia muito cedo, a senhora me dava o café da manhã: uma chaleira cheia, um pouco de açúcar e pão, guardados dentro de um pacote. E assim eu ia, vigiando os animais que se desviavam do caminho ao mesmo tempo que olhava se o chá caía. Sempre era difícil, porque a vaca tinha uma atração irresistível pelo milho; os cordeiros tinham o temperamento de mil demônios e brigavam a troco de nada; e o burro, quando menos se esperava, decidia correr no sentido contrário do caminho que seguíamos. Uma vez que chegávamos ali, eu segurava os animais aos trancos e barrancos e pegava comida para eles. Quando finalmente já estavam presos e alimentados, eu podia procurar uma pedra grande para me sentar e tomar café da manhã tranquilamente.

Já de estômago cheio, fazia o caminho de volta e ia até a casa de seu Bismilá:

— Tia! A senhora tem iogurte para o Maruf hoje?

Se o tinham preparado, meu dia se iluminava, embora o trabalho que me esperava fosse tão duro ou mais do que pastorear os animais. O iogurte era transportado numa espécie de cubo metálico muito pesado. Demorava quinze minutos para chegar à loja, e tinha que parar de vez em quando porque minhas mãos ficavam dormentes.

Quando eu chegava, bufando, a voz alegre de Maruf me recebia:

— Chegou meu amigo Zelmai! — E me fazia sorrir. — Quanto iogurte você me trouxe hoje?

Nosso iogurte de leite de vaca, fresquinho, fazia muito sucesso na lojinha do meu amigo. Ele o colocava numa jarra grande que ficava em cima de uma mesa baixa, e servia aos clientes a quantidade que eles queriam em sacos plásticos. Enquanto eu dizia quantos quilos tinha levado (três, quatro, cinco...), Maruf anotava e fazia seus cálculos.

Enquanto ele trabalhava, eu descansava num sofá feito de retalhos e olhava em volta. A sala, com paredes de barro, era pequena. O pai de Maruf, que era carpinteiro, fizera estantes com caixas de fruta. E lá, bem organizados, havia pacotes de biscoitos, creme de leite em caixa de papelão que vinha do Paquistão, açúcar, chá, balões... O que mais chamava atenção era o pote de balas. Porque eu adorava balas, mas talvez gostasse ainda mais do que estava escondido atrás: um aparelho de som que ligávamos quando não tinha ninguém. Aquela lojinha era um pequeno refúgio, um lugar onde eu me sentia muito à vontade. Notava que com Maruf eu podia relaxar, porque ele gostava de mim e não me julgava. Quem me dera poder ser eu mesma, sem mentiras!

VOLTAM AS BOMBAS

— SABE O QUE FIQUEI SABENDO, Zelmai? — Naquele dia, seu Yosuf, frequentador da mesquita do bairro, que sempre ficava por dentro das últimas notícias, estava um pouco atordoado. — Que alguns árabes derrubaram umas torres muito altas na América, e que morreu muita gente.

— Ah.

A notícia alastrou-se rapidamente, mas para nós, que tínhamos vivido sempre entre a morte e a destruição, aquele ataque não nos impressionava especialmente. Não tínhamos a mínima ideia do que era Al-Qaeda, nunca tínhamos escutado falar de Bin Laden, e não tínhamos nenhuma opinião sobre política internacional; por isso, as conversas giravam naturalmente em torno dos horrores que havíamos vivido pessoalmente e que estavam gravados na retina.

— Não consigo esquecer aquele dia em que vi um braço de mulher, descolado do corpo, na porta da minha casa, depois de uma explosão.

— Já eu... ufa! Um dia passei por uma rua em que havia tantos mortos e feridos que no chão tinha se formado um riacho de sangue.

— O que eu vi é pior... Ainda tenho pesadelos todas as noites, não está vendo minhas olheiras?

Não estávamos conscientes da magnitude do conflito e não suspeitávamos, nem de longe, que tudo aquilo teria consequências diretas para nós. Que diferença fazíamos nessa confusão entre os árabes ricos e os Estados Unidos?

Durante as semanas seguintes começamos a escutar que os Estados Unidos falavam em nos devolver a liberdade, e que os talibãs os desafiavam, mas estavam nervosos. Eu, que nunca tinha visto um americano e que não sabia de que liberdade falavam, continuava sem dar bola a todas aquelas histórias que me pareciam muito distantes.

Pouco a pouco soubemos que a conta daquele atentado seria paga pelo Afeganistão. Os talibãs, que tinham acolhido o autor do atentado, eram os bandidos da história e tinham que sair para que os americanos pudessem fazer sua vingança, e nós — diziam — pudéssemos viver mais felizes. Tudo aquilo me soava muito esquisito, mas a coisa era séria: a demonstração chegou na forma de um bombardeio no centro de Cabul.

Então, possivelmente, haveria uma mudança de governo, porque era assim que os governos mudavam no meu país: com sangue.

Aqueles ataques foram horríveis, porque, diferentemente das batalhas da época *mujahidin*, eram feitos por aviões e não conseguíamos saber onde cairiam as bombas. Eu tinha me convencido de que não escaparia daquilo, e me refugiava na mesquita sempre que podia, porque era onde me sentia mais segura. Ali recebíamos notícias e palavras de ordem: tínhamos que resistir e rezar. Uma manhã, o mulá anunciou que os talibãs haviam abandonado o governo, mas não por medo, e sim para evitar que continuassem matando crianças inocentes. Ao menos era essa a versão oficial.

E, de repente, pensamos que estávamos livres.

No dia seguinte, a rua tinha exatamente o mesmo aspecto, com as mulheres cobertas, os meninos brincando ou trabalhando, os carros arrebentados e os animais e bicicletas circulando como podiam. Só notei uma pequena mudança: da quitanda do bairro saía... música!

Eu me aproximei e não pude evitar a tentação de fazer um comentário sobre a lei talibã que proibia música.

— Vai me denunciar para a polícia, vai — me respondeu, como se uma abelha o tivesse picado. Percebi que o homem ficou desconfiado. — Mas é a rádio, tá? Eu não botei música!

Não queria mesmo denunciá-lo — não sabia nem a quem deveria me dirigir —, mas me dei conta de que as marcas da filosofia talibã não se apagariam tão facilmente. Estava impregnada por aquele modo de agir, como a maioria no Afeganistão.

Era tão estranho que nos dissessem que, de repente, aquele regime que parecia tão fortemente estabelecido tinha terminado... Os cabeças, sem dúvida, fugiram, mas os talibãs de nível inferior — como alguns dos meus vizinhos — simplesmente tiraram o turbante, deixaram de se pintar e alguns fizeram a barba — outros não, porque ainda pensavam que a situação podia mudar. Muitos deles, um pouco depois, já circulavam pelas ruas com o uniforme do novo exército afegão.

As mudanças foram muito lentas e tímidas. O país saía do torpor depois de tirar aquele fardo, mas também voltavam a aflorar a corrupção e a insegurança, e poucas mulheres se atreveram a tirar a burca. O sistema policial tinha criado raízes e não era fácil se ver livre do medo.

Hassan, um morador do bairro que vivia meio escondido porque era um funcionário do antigo governo e sofrera muito durante a época dos talibãs, foi para a fazenda. Chegou com um carro de marca e um sorriso de orelha a orelha.

— Acabaram os cinco anos de prisão, Zelmai. Estou muito feliz! Se você precisar de alguma coisa, qualquer coisa, é só me pedir.

Para conceder o meu desejo, em vez de um carrão, ele precisaria de uma lâmpada mágica.

Tudo continua igual

Pouco a pouco começaram a abrir escolas, academias e *cyber* cafés, a cultura deixava de ser clandestina, chegavam estrangeiros e nós nos abríamos para o mundo: corria um ar fresco. Mas os meus sentimentos diante das mudanças políticas eram contraditórios. Foram os talibãs que me obrigaram a viver uma mentira, mas uma parte de mim resistia a aceitar a nova situação.

A verdade é que, como menino, eu não tinha nenhum problema naquela sociedade com normas rígidas, mas previsíveis. Quem evitava os conflitos com as autoridades não tinha surpresas. Tinham colocado limites na corrupção, nos abusos e na insegurança dos cidadãos. Eu aprendera a lidar com eles e, quando conseguia dominar o medo de ser descoberta, me movia como um peixe dentro d'água.

Chegaram quando eu tinha onze anos, e foram embora quando eu estava com dezesseis. Durante aquele tempo, eu tinha ficado mais velha e era quase impossível lembrar de como era a vida antes e o que esperar do meu futuro. O que deveria fazer agora? Aquele personagem que adotara temporariamente já fazia parte de mim, eu não podia simplesmente mudar a roupa de menino pela de menina. Muita gente me conhecia, e eu não podia dizer: "A partir de agora sou Nadia". Isso supunha romper todas as relações, perder o trabalho e estar condenada diretamente ao ostracismo, ou algo pior.

Como Zelmai, minha vida tinha valor. Era uma pessoa respeitada, alguém que tinha opinião, que podia ajudar, que ocupava um lugar na sociedade. E era livre para fazer o que quisesse. Agora teria que renunciar a tudo? Teria que colocar um chador, me trancar em casa para cuidar da minha família e me acostumar a não ter representatividade? No Afeganistão, as mulheres são seres inferiores e submissos. Simplesmente eu me negava a ser assim.

Devia continuar fingindo, talvez para sempre.

Letra por letra

Um dia, pedi a Maruf que me deixasse escrever o número de quilos de iogurte que eu levara. Com muita dificuldade, desenhei um três. Torto, enorme. E ao contrário.

Maruf ficou olhando. Senti vergonha, mas de repente percebi que ele não ria de mim, apenas me observava sem me ver, como se estivesse com a cabeça em outro lugar.

— Zelmai, por que você não se matricula na escola?

A escola, meu sonho. Ultimamente, o novo governo não parava de fazer propaganda para que as pessoas estudassem. Mas como? Onde? O que eu tinha que fazer? Me colocariam com os mais novos? Com meninos ou com meninas? Maruf acabou com as minhas dúvidas:

— Eu vou te ajudar. Anda, vai, volta para o trabalho, e não diga nada a ninguém, tá? Falaremos disso da próxima vez que você vier.

A caminho da fazenda, eu andava como se tivesse asas nos pés. Estava tão feliz que até me surpreendi comigo mesma cantando.

— O que está fazendo, Zelmai? Cantando? — perguntou Uosé quando me escutou.

— Como assim, idiota? Estou rezando!

A partir daquele dia, cada vez que eu passava na lojinha, Maruf me ensinava por um tempo a ler e escrever, para que, quando começasse a escola, estivesse um pouco mais preparada e não me pusessem junto com os menores. E foi assim que um dia escrevi: "4 quilos de iogurte", minha primeira frase. Parecia que tinha dado um passo gigantesco para a liberdade. Já era capaz de ler rótulos, os letreiros na rua, os livros... Foi como se nunca tivesse enxergado bem e, de repente, tivessem me dado óculos. O mundo já não tinha a mesma cara. Ou era eu que havia mudado?

Como era inverno, não havia muito trabalho: além de alimentar os animais, só tinha que limpar os estábulos e colocar neles a terra seca, levar o estrume para o campo... Levando em conta que os dias eram tranquilos, o dono não reclamava se eu me distraísse muito tempo na casa de Maruf.

E à noite eu gostaria de continuar praticando, mas só tínhamos um lampiãozinho que não iluminava muito e que, além disso, era muito solicitado. Assim, acabávamos indo dormir com as galinhas, quando escurecia, o que era especialmente difícil no inverno, quando parecia que as noites não tinham fim. Um dia, decidi que não podíamos continuar assim e que precisávamos de uma lâmpada melhor. Minha mãe me disse para ter paciência, porque um lampião custava mais do que podíamos pagar, mas a minha paciência tinha acabado. Tanta escuridão me deprimia.

Para comprar o lampião, pensei em me oferecer para limpar a casa da minha tia, que era grande e ela sempre gostava que estivesse reluzindo como ouro. Ela me falou que me agradeceria se eu sacudisse seus tapetes: um trabalho pesado e desagradável porque estavam cheios de poeira. Mas eu só pensava no lampião e em como as noites na nossa casa mudariam.

Quando terminei, esperava que minha tia me pagasse algo, mas simplesmente me acompanhou até a porta com um sorriso e me agradeceu. Como me senti frustrada e burra! Até senti vontade de chorar. No final, mesmo sabendo que minha mãe não gostaria, pedi para minha tia o dinheiro de que precisava. Resistiu um pouco, mas no final prometeu que ia me dar na semana seguinte.

Quando finalmente compramos o lampião novo, o colocamos no meio do cômodo, esperando que escurecesse para acendê-lo; estávamos muito impacientes, e não tirávamos os olhos da janela esperando que a noite chegasse. Peguei um fósforo e de vez em quando perguntava à minha mãe:

— Acendo agora?

— Agora não, ainda dá para enxergar.

— ... E agora?

— Ainda não!

Naquele dia, esquecemos da velha lâmpada a óleo e nos reunimos em torno do novo lampião. Minha mãe olhava para ele, eu escrevia e minhas irmãs desenhavam nos cadernos que eu comprara para elas. Foi uma festa.

Dupla sessão

A VONTADE DE VER FILMES ERA tão grande, que poucos dias depois da queda dos talibãs, voltou a funcionar uma sala de cinema de verdade, a Shahar-e Nau, que ficou lotada desde a primeira sessão. Eu morria de vontade de ver os meus atores de Bollywood em tamanho gigante e poder, ao sair, comentar o filme sem medo, e queria propor a um grupo de amigos meus e de Maruf que fôssemos logo, mas é claro que, no cinema, uma atração tão importante em Cabul, certamente havia muitas medidas de segurança para evitar que alguém pudesse entrar e cometer um atentado. Naqueles dias, com o objetivo de desestabilizar o novo governo, os atentados eram frequentes. Provavelmente haveria seguranças que revistariam os espectadores para ver se estavam armados, e isso era muito arriscado para mim. Por isso, combinei com meus amigos de ir ao cinema à tarde, e, sem contar a eles, decidi também que iria à sessão anterior para ver se corria o risco de me descobrirem. Logo de manhã me plantei na porta da sala. Enquanto estava na fila, comecei a suar: exatamente como eu suspeitava, um homem corpulento e armado comprovava se todos os que entravam tinham boas intenções. Por sorte, não era muito rigoroso e revistava as pessoas só por cima. Estava salva.

Nunca estivera dentro de um cinema de verdade. De fato, até o dia anterior, eu não sabia exatamente como era, porque, embora já existissem salas antes dos talibãs, meus pais não costumavam ir ao cinema e não tinham me levado. Maruf, que já tinha ido a Peshamar — escondido do seu pai, que se opunha, por razões religiosas —, me explicou três coisas para que eu não me impressionasse muito: "O lugar é muito grande e cheio de cadeiras, e também é muito escuro, não fique com medo!".

Não tive medo algum; aproveitei o filme intensamente. E, à tarde, estava de novo diante da porta com Samim e Sharif. Os dois estavam empolgadíssimos, embora fossem criados no Paquistão, como Maruf, e não tivessem sido tão privados de imagens como os que ficaram em nosso país. Assim, eles falavam muito animados, e eu ia ficando cada vez mais nervosa à medida que nos aproximávamos da entrada. E se o segurança reparasse nos meus seios e me delatasse na frente de todo mundo?

Depois de uns dez minutos, ficamos diante do mesmo homem que me revistara de manhã. Ele me reconheceu logo:

— Caramba, moleque, você gostou tanto do filme que está voltando no mesmo dia?

Eu respondi, agressiva:

— Do que você está falando? Eu nunca te vi na vida!

Virei para os meus amigos e revirei os olhos, como quem quer dizer: "Esse homem está louco, não é para dar bola para ele". Felizmente, aquele cara tinha muito trabalho e pouca paciência para engraçadinhos e não insistiu. Paguei, pela segunda vez naquele dia, os cinquenta afeganes do ingresso. Dentro da sala, enquanto todo mundo começava a bater palmas e os pés no ritmo da música, eu dei um longo suspiro de alívio.

NA ESCOLA

EU PROGREDIA RÁPIDO NO CONHECIMENTO DAS palavras, e já estava ansiosa para começar o curso. Quando a primavera chegou, a rádio começou a transmitir anúncios do governo nos quais estimulava as famílias a matricularem os meninos e meninas na escola. O momento tinha chegado! O próprio Maruf escreveu para mim uma solicitação de ingresso, que começava dizendo: "Eu, Zelmai, filho de Ghulam, peço para entrar nesta escola". Tudo era tão perfeito, exceto pelo fato de não querer entrar na escola como Zelmai, que era um nome de menino. Por isso comprei um papel em branco — não tínhamos nenhum em casa — e tentei copiar exatamente o texto que Maruf escrevera, mas mudando o nome de "Zelmai" para "Nadia". Prestei muita atenção enquanto copiava, porque tinha uma letra feia, errava e, no final, rasguei o papel; assim, no dia seguinte, tive que comprar outro e começar tudo de novo. Dessa vez ficou um pouco melhor; dobrei o papel com cuidado, coloquei-o dentro de um envelope marrom e o deixei perto da cama.

No dia seguinte, ao acordar, procurei o envelope com o olhar. Tinha tantas esperanças investidas naquele pedaço de papel! E depois de tomar o chá, guardei o envelope no bolso do colete — levemente dobrado, não muito — e fui de bicicleta até a escola que eu escolhera. Diziam que era uma boa escola, e, quase mais importante do que isso, ficava suficientemente longe de casa para não temer que alguém me reconhecesse. Nas ruas por onde andava, agora e talvez para sempre, tinha que continuar sendo Zelmai.

De longe vi muitos pais e mães que conversavam formando pequenos grupos, e meninas arrumadíssimas debaixo dos seus lenços brancos de colegiais que corriam empolgadas para cima e para baixo. Do outro lado da rua, ainda montada na bicicleta e tentando não chamar muita atenção, eu olhava, emocionada, o espetáculo: queria estar ali, ser uma daquelas meninas despreocupadas prestes a entrar nas aulas.

Logo aquela expectativa se transformou numa amarga depressão.

Esperei com paciência que as alunas entrassem na escola e que os pais se dispersassem para me aproximar. Quando tudo estava calmo, chegou o momento da minha matrícula. Faltava pouco.

Quando passei pela porta e me vi no saguão, observei uma professora sem burca e com os lábios pintados! Tinha séculos que não via uma mulher assim, eu a achei muito linda... Ela, ao contrário, não pareceu tão fascinada ao me ver: fez uma cara de susto e abafou um grito antes de sair correndo em direção a uma sala.

— Espera um pouco, por favor! — gritei.

Pam! Bateu a porta de repente e me deixou sozinha, com o sangue gelado de medo. A coisa não começava nada, nada bem.

Como não sabia o que fazer, fiquei parada no saguão por uns minutos que me pareceram horas, até ver que a porta se abria lentamente, apenas um palmo e, por trás dela, o rosto daquela professora que queria comprovar se eu ainda estava ali. Aproveitei para me aproximar rapidamente, temendo que voltasse a fechar a porta:

— Por favor, por favor! Quero conversar com a senhora, quero estudar!

A mulher, não sei se por medo ou por pena, abriu a porta um pouquinho mais. Eu me coloquei no seu lugar e me vi com os seus olhos: um menino vestido como um homem do campo pobre e descuidado, com o rosto marcado pelo fogo, que se apresentava numa escola de meninas. Um terrorista em potencial como os que, quase diariamente, cometiam matanças pelo país. A única coisa que não encaixava na descrição é que eu chorava.

Aproximei-me dela, tentando controlar as emoções, que transbordavam:

— Por favor.

— Espera.

A mulher voltou a desaparecer e eu esperei, esperei e esperei, nervosa porque não sabia como acabaria aquilo tudo. Depois de um tempo, me levaram ao escritório da diretora, onde também estava a secretária.

— O que você quer, rapaz?

— Quero estudar. Eu sou... sou uma menina.

A diretora não falava nada, como se estivesse pensando. A secretária estava desconfiada:

— E por que se veste como um menino, hein? O que você quer realmente? Quem é você? Por que se faz passar por menino?

E eu repetia toda hora a mesma ladainha: quero estudar, quero estudar, sou uma menina e quero estudar em uma escola de meninas. Não chegávamos a lugar nenhum, e eu não aguentava mais os ataques. Finalmente me rendi:

— Eu só quero estudar. Se você não permitir, vou embora.

— Então sai — respondeu a secretária, com um ar triunfante. A diretora, impassível, não acrescentou nada.

Fui até a fazenda, com as lágrimas embaçando os olhos. Um pouco antes de chegar, eu os sequei e, ao ver seu Bismilá, consegui lhe dizer com voz firme que estava deixando o trabalho.

— Não acredito, Zelmai, é como se você fosse da família... Hoje você parece muito chateado, mas já vai passar. Espera ficar mais calmo para tomar decisões, tá certo?

— Não, me desculpa, mas eu tenho certeza. Preciso mudar minha vida.

Tive que me esforçar muito para não sair correndo quando saí daquela casa, que me acolhera e me alimentara por tanto tempo. Não me arrependia da decisão que havia tomado, mas me sentia muito triste porque deixava para trás pessoas de quem eu gostava muito, que tinham se transformado numa família para mim.

Com minha nova liberdade, que naquele momento tinha um sabor vazio, fui ao mausoléu de um homem santo, Alí Malang. Ficava em uma colina, e por ser um lugar tranquilo, muito pouco frequentado, era um dos meus refúgios preferidos quando queria ficar sozinha e pensar. Cheguei tão angustiada que, depois de me sentar debaixo de uma árvore, só conseguia pensar em morrer ali mesmo.

De que tinha servido tanto esforço e tanto sofrimento? Tivera que suportar dores físicas e emocionais inimagináveis que me roubaram uma infância feliz e sem preocupações; negara a mim mesma para alimentar a minha família; enganara dezenas de boas pessoas para proteger quem eu amava, e agora que finalmente tinha ao alcance das mãos a possibilidade de sair daquele poço, me negavam.

Fechei os olhos e tentei me acalmar enquanto esperava o fim de todos os meus sofrimentos. A morte me parecia uma ideia bem agradável.

Mas uma conversa interrompeu meus pensamentos: uns homens, não muito longe de onde eu estava, falavam do que acabavam de roubar. De repente fiquei com medo de que quisessem beber água da fonte perto de onde eu estava. Devia estar mais apegada à vida que imaginava, porque o medo de que me fizessem mal fez com que eu reagisse e afastou as ideias de suicídio.

Voltei para casa, cansada, mas decidida a continuar. E, sem saber como, me vi pensando no silêncio da diretora como esperança. Não podia me render.

No dia seguinte, voltei à escola e esperei que as aulas acabassem, ao meio-dia, para entrar direto no escritório no qual estivera no dia anterior. Vestida de menino, e como se não tivesse acontecido nada, entreguei para ela a solicitação. Surpreendentemente, a diretora disse:

— Diga, você quer estudar com as meninas?

— Claro. Eu sou uma menina.

— Então vai ter que se vestir como uma menina.

— E por que você se importa com a maneira como me visto?

Ela se importava. E para mim, aquele era um ponto sensível. Explodi:

— Por que fazem tanta propaganda para que as pessoas estudem se depois não deixam? Por que você não quer me ajudar?

Dei um soco forte numa mesa de vidro, que cedeu e quebrou. Eu também sentia o coração despedaçado, e entre lágrimas e soluços comecei a lançar ameaças carregadas de impotência:

— Se vocês não me deixarem estudar, eu vou matar todo mundo, não deixarei que nenhuma criança estude, serei a pior de todas! Se eu me tornar má, será por sua culpa, porque não me deixou aprender!

Dei meia-volta secando o rosto com a ponta do turbante. E então notei a mão da diretora no meu ombro.

— Espera.

Ela fez com que eu me sentasse e me explicou que me deixaria estudar, mas que tinha medo de que se as famílias das alunas soubessem que um garoto estudava com elas, as meninas fossem levadas para outra escola.

— Se for assim, não assistirei às aulas, só farei as provas.

— Muito bem. Assim não haverá nenhum problema.

E, dessa maneira, voltei para escola oito anos depois de ter saído dela à força.

Cadernos e bicicletas

TIVE MUITA SORTE. DEPOIS DE FAZER a prova de nivelamento, me mandaram para o último ano do ensino fundamental, num grupo com sete meninas, adolescentes como eu, que não só me aceitaram, como também se transformaram em amigas. Juntas, nós estudávamos e também ríamos muito: inclusive chegamos a jogar bola dentro da sala, levantando a poeira do chão, que não tinha revestimento...

Minhas companheiras eram de famílias abastadas; durante a época em que os talibãs proibiram a educação para as mulheres, algumas tinham estudado com professores particulares — duas eram filhas de professores — e outras haviam ido para a escola no Paquistão. Eu era a única autodidata e também a única que não tinha dinheiro para comprar cadernos. Eu mesma os fazia, cortando e costurando o papel que servia para fazer bolsas e que era vendido a peso. A princípio, os professores olhavam com receio aquele material tão rudimentar, mas logo conquistei o respeito deles porque tirava notas muito boas — minhas amigas sempre copiavam as minhas anotações —, e porque eu procurava fazer os trabalhos com cuidado e com uma letra bonita.

Ter amigas ricas tinha suas vantagens. Refinei meu modo de falar, que era rude como o de todos os trabalhadores do campo. Conheci mundos que me pareciam muito distantes, como o de Susan, que falava inglês, sonhava em se casar com um estrangeiro loiro de olhos azuis e que adorava as músicas da Shakira; ou o de Mariam, que tinha uma mãe farmacêutica — a antítese da minha — e que vivia com toda espécie de luxo, como uma televisão no seu quarto, alimentada por energia elétrica, tão rara nas residências naquela época.

Essa amizade também me ajudou porque, naquele momento, embora eu estivesse bem, sofria pela falta de dinheiro na minha casa, e elas me davam o pãozinho que nos ofereciam todos os dias na escola. Tinham condições boas demais para aceitarem um pão que não fosse todo de farinha branca. E para mim e minha família, era uma grande ajuda receber diariamente sete pãezinhos. Em muitos dias, era a única coisa que comíamos.

Pela primeira vez, fiz parte de um grupo de meninas, embora eu fosse um membro peculiar, e isso me fazia muito feliz. Mas quando saía da escola e trocava o lenço branco pelo turbante, de repente os problemas voltavam: enquanto minhas amigas iam comer à vontade e fazer a sesta enquanto viam os videoclipes da MTV indiana, eu mordiscava um pão enquanto procurava trabalho para as tardes. O que eu encontrava com mais facilidade era a manutenção dos poços. E, por causa disso, chegava todos os dias à aula cansada, com o corpo dolorido e com as mãos cheias de calos que me atrapalhavam a escrever.

Mariam, gentil e tímida, uma das minhas melhores amigas, percebeu:

— Por que você está tão cansada, Nadia?

— É de tanto estudar...

Ela me olhou, incrédula — não tínhamos tantos deveres de casa —, segurou minha mão e eu dei um pulo de dor. Não gostava que conhecessem minhas misérias, mas ela insistiu em saber o que eu fazia à tarde.

— Por que você não deixa os poços e começa a vender algo? É menos perigoso e menos difícil!

— Sim... eu adoraria ter uma oficina para reparo de bicicletas, porque sei consertá-las direitinho, mas falta só me dizer de onde tiro o dinheiro para comprar o local e as ferramentas...

No dia seguinte, Mariam chegou à escola um pouco tarde, quando todas nós já estávamos sentadas e o professor tinha acabado de entrar. Ela me olhou com um sorriso radiante e fez sinal com as mãos indicando que depois queria falar comigo. E quando acabou a aula, disse finalmente:

— Minha mãe quer te dar dinheiro para montar uma oficina. Disse para você aparecer na minha casa para conversarem.

Aquela casa parecia um palácio, e quando entrei na sala de estar e vi a grande televisão onde passavam desenhos animados, não consegui tirar os olhos da tela. Queria me sentar no sofá com as irmãs de Mariam, mas não me atrevi.

— Nadia, você está me escutando?

— Sim... não, obrigada, não quero dinheiro — respondia hipnotizada pelas imagens sem prestar atenção ao que a mãe da minha amiga me propunha. Por isso, ela desligou a televisão, séria (as meninas não ousaram reclamar), e me obrigou a olhá-la.

— Nadia, vou fazer um empréstimo para que possa montar sua oficina. Você vai me devolver o dinheiro quando puder.

Aceitei.

Nos dias seguintes, eu andava pelas ruas com os olhos bem abertos, procurando um lugar adequado para montar o negócio. E, em uma rua larga por onde passava diariamente para ir à escola, eu encontrei: era uma barraca de madeira muito simples que ficava debaixo de uma árvore, onde havia um cartaz no qual estava escrito: "Vende-se". A zona era comercial e com muito trânsito: carros, ônibus, bicicletas, burros, vacas e pessoas num fluxo misturado que não parava. Havia uma suficiente clientela em potencial.

Tive que negociar muito com o dono, que também tinha uma loja de objetos de segunda mão — móveis, tapetes, rádios... —, mas no final chegamos a um acordo e assinamos um documento que improvisamos ali mesmo. Quase sem me dar conta, acabava de me transformar em proprietária e empresária. Corri para casa e recolhi tudo o que me pareceu que podia servir para a oficina: uma chave de fenda, uma chave-inglesa, uma assadeira metálica para colocar água e comprovar se a câmara da roda estava furada, e uma caixa de fruta que serviria para que os clientes pudessem se sentar enquanto esperavam. A única coisa que eu comprei foi uma bomba de bicicleta, uma tarefa muito chata. O letreiro "Consertamos bicicletas" eu pintei com uma vara e tinta no papelão de uma caixa que encontrei na rua.

Na primeira tarde não entrou um único cliente, e eu fiquei desanimada. E se não fosse adiante? A sorte é que alguns dos garotos do meu grupo no campo estavam me fazendo companhia.

— Calma, Comandante! Pode ter certeza de que logo você ficará rico!

No segundo dia, ganhei cinco míseros afeganes por encher um par de rodas, dos quais tive que descontar o valor do chá que ofereci ao cliente — um dos meninos o havia levado a mim da casa de chá da esquina. Pelo menos pude estrear a bomba.

No terceiro dia, tive o primeiro trabalho decente: um jovem deixou comigo a bicicleta nova que precisava ser lubrificada. Um dos meus "aprendizes", Rasolá, me ajudou e em algumas horas resolvemos tudo. O cliente ficou muito satisfeito com a rapidez e o bom trabalho, e pude colocar duzentos afeganes em caixa. Naquele dia Rasolá recebeu a primeira gorjeta.

Na euforia do momento, decidi investir o que tinha sobrado do empréstimo da mãe de Mariam na matrícula de um curso de caligrafia. Num país onde os computadores são ainda quase uma raridade — inclusive a eletricidade é um luxo de minorias —, escrever com uma letra bonita é muito valorizado, é um fator importante num currículo para conseguir alguns trabalhos.

Tínhamos uma hora de aula por dia, eu ia muito bem e logo comprovei que tinha muita habilidade. Não acontecia o mesmo com Khalil, o garoto que se sentava ao meu lado. O coitado suava para juntar as palavras: não era seu forte. No entanto, era um especialista em mecânica de bicicletas. Um dia, depois da aula, me explicou como funcionava, e aquilo foi providencial para os dois. Pedi a ele que me ensinasse um pouco, mas ele teve uma ideia melhor:

— O que você acha de nos associarmos? Você poderia cuidar da oficina quando sair da escola, como faz agora, e eu poderia trabalhar no horário da manhã. Assim, manteremos o lugar sempre aberto e não perderemos nenhum cliente. Posso contribuir com ferramentas que vão nos ajudar muito. E dividiremos o lucro em dois. Sobre as aulas de mecânica, eu ensino um pouco a você e, em troca, você me ensina caligrafia. Assim eu economizo o dinheiro do curso. Acabo de me casar, minha mulher está grávida e estamos muito apertados...

Khalil acabou sendo um sócio excelente. Honesto e trabalhador, logo se tornou o sustentáculo da oficina e, para ser justa, devo dizer que era ele quem ganhava a maior parte do dinheiro, mas nunca reclamou. De qualquer forma, o negócio só dava para o mínimo, e eu nunca consegui devolver o dinheiro da mãe de Mariam.

A *BIKE*

Depois das aulas de caligrafia, comecei a frequentar aulas de inglês gratuitas, graças à influência do meu amigo Maruf, que parecia empenhado em fazer de mim uma pessoa com formação. O professor, dono daquele cursinho modesto, era seu amigo Waiss.

Depois da primeira aula, e com a cabeça cheia de *I am, you are, he is, she is*, maravilhada com a novidade e as promessas que ela me apresentava — o mundo lá fora funcionava em inglês e eu estava decidida a entendê-lo —, Waiss veio me procurar.

— O que você achou da aula? Vai querer continuar?

— Sim, sim, eu gostei muito, obrigado...

— Onde você mora, Zelmai?

A pergunta, em outras circunstâncias, teria me colocado em alerta. Preferia não deixar pistas em nenhum lugar, era mais seguro. Mas Waiss era amigo de Maruf, não tinha sentido mentir ou escapulir. Então eu respondi e experimentei um alívio insuspeito pelo fato de confiar em alguém.

Nós dois morávamos no mesmo bairro, e ele me sugeriu que voltássemos juntos para casa, cada um em sua bicicleta. Durante o trajeto, ele avançava com precisão; e eu, instável e insegura, tinha que parar muitas vezes para não bater em ninguém, embora tenha dito a Waiss que fazia aquilo para dar passagem. O fato é que não tinha nenhum orgulho em admitir que ainda não me sentia muito bem montando numa bicicleta, embora já fizesse tempo que a tinha e que ela fosse, de longe, minha propriedade mais valiosa.

Eu a comprei por impulso, num dia em que tinha me irritado — para variar — com o filho do dono da fazenda. Naquela vez, ele me bateu porque as vacas tinham fugido, e eu, com raiva e humilhada, decidi que ia deixá-lo sozinho de novo, confiando que, quando seu Bismilá soubesse, me pediria para voltar, como quando deixei de trabalhar com ele e trabalhei por um dia como cozinheira dos talibãs. No entanto, não me preocupei em procurar outro trabalho: peguei o dinheiro que Amid me pagou pela jornada e fui ao centro. Passeando, andei pela rua onde ficam as pessoas que querem vender bicicletas. E, de repente, ficou claro: compraria uma para mim. Em Cabul, a bicicleta é, provavelmente, o principal meio de transporte, porque pouquíssimas pessoas têm carro; de modo que seria bom para me deslocar e também para aumentar um pouco meu status.

Pechinchei um pouco e consegui um bom preço por uma bicicleta linda, cinza-metálico, que, como todas, tinha atrás do selim um lugar para levar um passageiro. O vendedor insistia que eu a experimentasse, mas eu fingi que a examinava e que me parecia boa.

Eu a levei, a pé, feliz que nem pinto no lixo. E, quando já estava chegando em casa, escutei os gritos dos meus amigos do campo: "Caramba, Comandante! Você tem um bicicleta! Ensina a gente a andar!". Enquanto se aproximavam correndo para olhá-la, eu me agachei e abri a válvula da câmara para esvaziá-la. Assim, tive uma boa desculpa para não montar na bicicleta diante daqueles meninos que eu gostava de impressionar. Desde que tive o triciclo que meu pai me deu de presente quando era pequena, não tinha montado em nenhum aparelho com rodas e tinha medo de passar vergonha. No entanto, todos eles, que eram muito menores que eu, sabiam andar numa bicicleta sem nenhum problema.

No dia seguinte, eu me levantei quando ainda estava escuro e saí para praticar pelas ruas desertas. Coloquei no chão uma pedra grande para me ajudar a montar na *bike*, e tentava coordenar pés e mãos para avançar um pouco. Não imaginava que era tão difícil: caí dezenas, centenas de vezes até começar a manter o equilíbrio. Quando amanheceu, eu estava com os joelhos ralados e a bicicleta meio estragada, mas já era capaz de pedalar sem cair. O problema é que ainda era difícil, para mim, o impulso inicial e, principalmente, não sabia descer da bicicleta. Voltei ao centro, na direção do campo de futebol, e depois retornei para ir trabalhar. No caminho, derrubei um homem que levava uma caixa com bananas e também esbarrei em uma mulher, mas não podia me permitir parar e escapei das reclamações e dos insultos. Estava feliz!

Quando cheguei perto da fazenda, encontrei seu Bismilá e não teve outro jeito: precisei parar da melhor maneira que pude.

— Ei, Zelmai! Por que você não veio trabalhar hoje no seu horário?

— Amid não te disse nada? Desculpa, seu Bismilá, mas ontem ele me tratou muito mal e me bateu. Desse jeito não quero continuar.

— Não, rapaz, não vá embora! Que filho mais idiota que eu tenho... Já vou falar com ele, mas você fica. Pode entrar em casa e tomar um copo de leite e depois ficar para comer.

Enquanto conversávamos, Amid chegou, e seu pai lhe dirigiu um olhar furioso.

— Amid, amanhã Zelmai voltará a trabalhar para nós, e as coisas vão ter que mudar. Você viu a bicicleta dele?

— Sim... Parabéns, Zelmai.

Tudo saiu melhor que a encomenda.

Nos dias seguintes, eu me dediquei a decorar a bicicleta deliberadamente: grudei papéis brilhantes nela, coloquei uma faixa verde, que ondulava quando eu corria muito, e até comprei uma buzina que tocava uma musiquinha que os velhos do bairro detestavam, mas eu adorava. Eu apertava e todo mundo sabia que Zelmai tinha chegado... No inverno, fabriquei umas "correntes" para as rodas, feitas com fios de plástico, para poder vencer a neve. Minha *bike* era inconfundível.

Com o tempo, aprendi a levar passageiros, e muitas vezes me responsabilizava por acompanhar minhas primas ao médico, pegava conhecidos que esperavam o ônibus ou que não podiam pagar um táxi... Além disso, às vezes transportava duas pessoas ao mesmo tempo.

Mas quando, anos depois, pedalei ao lado de Waiss, me dei conta de que conduzia a bicicleta de uma maneira tosca. E também decidi melhorar nisso.

O AMOR CHEGA

No SEGUNDO DIA DE AULA DE inglês, eu me apaixonei.

Quando cheguei à sala, que tinha paredes de cimento, me sentei na única cadeira que estava vazia. Ao meu lado havia um garoto que não estava na aula anterior. A primeira coisa que pensei sobre ele, pela maneira tão sem graça que havia respondido ao meu cumprimento, foi que era muito tímido.

Acostumada com a brutalidade dos homens, me chamou atenção aquela atitude e, discretamente, observei-o o máximo que pude. Era bonito, magro, tinha a pele muito clara, nariz arrebitado e olhos grandes e expressivos. Estava muito arrumado, com calça azul-marinho e camisa azul celeste, tudo muito bem passado. Só faltava um blazer... No entanto, as mãos não eram típicas de meninos de boa família, como Maruf, mas tinham calos de alguém que trabalha com elas. Também não parecia ter muita facilidade no inglês, mas se esforçava. Parecia um pouco mais velho que eu, que acabara de completar dezessete anos.

Quando a aula acabou, Waiss me apresentou Ajmal como um amigo dele e de Maruf. Riram, e depois Ajmal se virou para mim e disse:

— Você tem uma letra muito bonita.

Isso me comoveu.

Minutos depois, na nossa excursão desigual para casa, Waiss me contou que Ajmal trabalhava em uma sapataria junto com seu irmão. Que tinha que trabalhar muito, e que por isso tinha pouco tempo para estudar, e ele o ajudava. Também me contou que às sextas-feiras costumavam encontrar alguns amigos para dar uma volta ou tomar algo, e que, se eu quisesse, podia avisar e ir com eles. Eu disse que sim, tentando esconder a minha emoção.

Naquela sexta, nós nos encontramos depois da prece da tarde na porta de uma mesquita próxima ao curso de inglês. E ali conheci o integrante que faltava no grupo: Afzal. Simpático, inteligente e engraçado, era o que estava mais adiantado de todos nos estudos, tirando Maruf, que era mais velho. Quando não estava na escola, trabalhava como alfaiate em uma loja que dividia com o homem que havia lhe ensinado o ofício.

Ele, como os outros, estava vestido em estilo ocidental: jeans e camiseta, com o cabelo limpo e bem cortado, e sem nada cobrindo a cabeça. Eu, ao contrário, estava como sempre: com a roupa velha de cores escuras e queimadas, e com o turbante que emoldurava meu rosto, como faziam as pessoas humildes e do campo. Fiquei incomodada, mas eles pareciam não se dar conta disso, e Maruf deu a ideia:

— Vamos comer um hambúrguer?

Instintivamente, calculei os afeganes que ganhara naquele dia e comecei a pensar na desculpa que daria para não sair com eles.

— Eu convido. Já estava devendo! — disse Ajmal.

Afzal nos levou no seu Corolla branco, um dos seus quatro carros, porque seu pai era proprietário de uma pequena empresa de táxis. De todos nós, só ele tinha licença por lei para dirigir, mas os outros — como eu, mais tarde — tinham na carteira uma cópia da mesma carteira de motorista na qual cada um colara sua fotografia e dirigia sem problema nenhum. Se um policial nos parava, encarávamos como um simples pedágio: pagávamos o suborno correspondente e seguíamos o nosso caminho. Não havia nenhum motivo para preocupação.

Eu nunca havia estado numa hamburgueria. Na verdade, até onde me lembrava, nunca tinha comido um hambúrguer, e era impossível, para mim, lembrar a última vez em que havia entrado num restaurante, se é que alguma vez tinha feito isso na vida. Desde que tinha me queimado, não me deixavam entrar em muitos estabelecimentos porque desconfiavam de mim. Tinha medo de que o segurança da hamburgueria me humilhasse diante dos meus novos amigos, impedindo a minha entrada, mas deu tudo certo. Aquele grupo de garotos bem-vestidos, bem-alimentados, alegres e despreocupados era bem recebido em todos os lugares, e eu não conseguia entender por que tinham me incluído. Eu não falava como eles, não me vestia como eles, não partilhávamos das mesmas preocupações, mas, mesmo assim, eu me tornei um membro a mais do grupo.

Não sei o que viram em mim, mas eu, sim, tenho certeza do que gostei neles: eles me ensinaram uma nova maneira de viver, solidária, sem preconceitos, censuras e obrigações, na qual todos podiam contar com todos. Nunca me perguntaram por que eu tinha o corpo queimado, como era comum, nem me enchiam a paciência pelo fato de eu não me vestir na moda; desde o primeiro momento acolheram sem reservas aquele Zelmai que era — e não era — eu. Se alguém se atrevia a me olhar atravessado, encontrava meus amigos para me defenderem. Pela primeira vez, eu fazia coisas normais como qualquer jovem, e já não estava sozinha.

Assim, pelo simples fato de andar com Maruf, Waiss, Ajmal e Afzal, deixei de ser invisível, e as pessoas começaram a me ver para além do turbante e da pele deformada. Pouco a pouco, entrava nos lugares em que até então não me deixavam passar da porta, e me surpreendeu encontrar pessoas que conversavam comigo de forma amável e sem fazer caretas. Uma dessas pessoas era um amigo de Ajmal que era farmacêutico, a quem visitávamos com frequência para tomar chá. Eu, que ninguém nunca deixou entrar numa farmácia, agora era recebida com sorrisos e me davam uma cadeira confortável para que me sentasse. Passava o tempo escutando-os falar sobre remédios e doenças com tanto prazer quanto se falassem de amor.

A educação deles sempre me surpreendia. Waiss e Ajmal, embora fossem amigos íntimos a vida inteira, falavam entre eles com muito respeito e formalidade. Demorei a acreditar que não estavam brincando, mas eles eram sempre assim. Dez mil vezes por dia saíam de suas bocas as palavras "obrigado", "por favor", "você primeiro", "professor"... Eu não sabia se devia rir ou anotar, mas era tão diferente do que acontecia na minha casa, onde as coisas se faziam sem tanta cerimônia...

Meus amigos também descobriram um mundo novo graças ao que eu expliquei a eles já desde o primeiro dia naquela hamburgueria. Entre um gole e outro de Pepsi, e com a música ensurdecedora do filme de Bollywood que estava passando numa televisão que ficava ao fundo, fiz com que morressem de rir contando sobre as brincadeiras que inventávamos quando eu trabalhava no campo. Para eles, o que eu tinha vivido parecia quase exótico e me senti feliz ao comprovar que eles não só não me desprezavam, como também me pediam para que contasse mais aventuras.

Enquanto eu admirava sua educação, eles se divertiam escutando o relato das conversas que eu tinha com Lalá na fazenda. Uma das nossas tarefas habituais — a mais detestável — era apanhar excrementos humanos dos lavabos da vizinhança para utilizá-los como adubo. Tínhamos que colocá-los em um carrinho de mão e muitas vezes eles espirravam. Nós levávamos na brincadeira e chamávamos os cocôs de "bombas", e as salpicadas de "estilhaços": "Então, Lalá? Quantos estilhaços caíram em você hoje? Quantas bombas você 'pegou'?". Para meus novos amigos, vindo de alguém queimado como eu, isso era irônico, mas era assim que os garotos que não receberam uma boa educação se tratavam.

Sabia que não poderia explicar tudo. E como era obrigada a mentir nas coisas importantes, como já é sabido, dei a eles uma versão melhorada do meu dia a dia, porque não queria que sentissem pena de mim: em vez de contar que passávamos fome, disse que ganhávamos pouco dinheiro, mas que tínhamos comida em abundância. Também fiz com que eles acreditassem que eu tinha mais irmãos que ganhavam dinheiro — uma mentira frequente —, mas que trabalhava porque não queria ser um fardo para ninguém. Forjei a imagem de um garoto independente, com ideias próprias, disposto a fazer os esforços necessários para conseguir o que queria, e isso despertou neles muito respeito por mim, já que todos dependiam muito dos pais.

Nós nos víamos sempre que possível, mas havia lugares aos quais eu não podia acompanhá-los, como os banhos públicos. Meus amigos gostavam de combinar de ir juntos, e eu sempre lhes dizia que não gostava porque eram sujos, e que preferia tomar banho em casa. Mas, um dia, eu me arrisquei a acompanhá-los a uns banhos privados. A diferença era que, em vez de ser do estilo dos banhos turcos, com um grande espaço em comum, esses tinham duchas individuais. Como eles, paguei na entrada por um envelopinho de sabonete e uma luva, mas quando cheguei ao meu boxe, não tive coragem de tirar a roupa por medo de que algum dos meus amigos decidisse se fazer de bobo e me olhasse do boxe ao lado. Só arregacei as calças para que de fora pudessem ver meus pés descalços, e molhei a cabeça.

Naquele momento sofri mais do que aproveitei, mas desde então procurei ir todas as semanas, evitando sempre as horas em que podia encontrar os amigos do grupo. Quando dava para fazer isso, eu ia logo antes de encontrar com eles para ir a algum lugar, para que eles se dessem conta de que eu tinha acabado de tomar banho. Mais um gesto para reforçar minha "masculinidade". Como quando afastava um pouco a cortina que separava os garotos das garotas na hamburgueria, para escutar as gargalhadas admiradas dos meus amigos e as reclamações das meninas.

No entanto, o que mais me eletrizava era notar o olhar de Ajmal grudado em mim.

Escola

Naquele ano tudo mudou. Pela primeira vez me dei conta de que havia pessoas que me admiravam: meus professores e minhas companheiras de turma, além de meus novos amigos. E isso me deu forças para continuar, apesar das dificuldades que ainda tinha para levar um prato — na verdade, cinco — todos os dias para a mesa.

Em novembro, quando acaba o ano letivo em Cabul, me graduaram na escola, e depois das férias de inverno, comecei o ensino médio numa escola do tranquilo e abastado bairro onde minha amiga Mariam morava. No primeiro dia, quando entrei na sala de aula, todas saíram berrando como histéricas. Algumas inclusive gritavam: "Tem um demônio na escola!". A professora, em vez de acalmar os ânimos e me ajudar, exclamou:

— Quem foi que deixou entrar uma pessoa tão queimada? Isso vai afetar a saúde psicológica das meninas!

A diretora escutou a gritaria e, assustada, quis saber o que estava acontecendo. Seu veredito foi cruel:

— Vai embora, vai, porque você assusta as pessoas.

Eu me sentia um Frankenstein, um monstro horroroso. Perdi minhas forças, dominada pelo desânimo, e saí da escola arrastando os pés e segurando de qualquer jeito os cadernos que tinha feito com tanta expectativa.

No dia seguinte, voltei sem muitas esperanças de que aquilo fosse melhorar. Para evitar espetáculos, entrei diretamente na sala de aula, em vez de assistir à cerimônia realizada todas as manhãs no pátio da escola, e fiquei rezando o tempo todo para que agora me aceitassem, mas não foi assim: voltaram a sair gritando como se estivessem sendo esfoladas vivas, e dizendo que não gostavam de mim. Chorando copiosamente, pedi para que ficassem, que eu iria embora. Deixei-me cair, vencida, no corredor. Muitas meninas me rodearam, com uma tremenda curiosidade mórbida, enquanto eu soluçava sem controle e me sentia muito perdida, muito cansada... De repente, notei que alguém me abraçava. Era a tia da minha amiga Mariam, que era professora do liceu e tinha me reconhecido. Muito emocionada, disse a todas quem eu era, e reforçou que era uma pessoa boa e inteligente. As meninas foram abaixando a cabeça, e eu, pouco a pouco, fui recuperando as forças. Depois de alguns minutos, aquele grupo de curiosas se dispersou e o ambiente se acalmou. Só ficou uma menina perto de mim, que me animou e me ofereceu sua amizade. Era de uma turma acima e, curiosamente, também se chamava Mariam.

A partir de então, pude ir à aula com certa tranquilidade. Minhas companheiras tentavam não ter contato comigo, mas também não fugiam aterrorizadas quando me viam entrar. Rapidamente perceberam que eu era uma pessoa inofensiva e que só queria estudar, e acabaram se acostumando com a minha presença. No entanto, no recreio, tudo ficava diferente. Ali continuava aquela rejeição tão violenta como a que eu tinha vivido nos primeiros dias. As garotas berravam e corriam quando me viam, e se eu bebia água no bebedouro, elas já não o usavam mais, como se eu estivesse infectada.

Foi uma das épocas mais difíceis da minha vida. Parecia que alguém me dizia: "O que, você achou que seus problemas tinham acabado e que tudo daria certo? O que você pensou?". Era como se no ano anterior, que tinha sido tão bom, meu crédito de felicidade tivesse acabado. Agora eu tinha que voltar ao que me cabia: lutar para que me perdoassem por não sei quais pecados que eu havia cometido. Tinha dado um passo à frente, e agora estava dando dois para trás. Estava desesperada.

Meio ano depois de começar naquele curso desastroso, vivi uma das cenas mais humilhantes na aula de Física.

Quando a professora entrou, todas nós nos levantamos para cumprimentá-la, como de costume, e depois nos sentamos de novo, mas a professora apontou para mim.

— Você, de pé.

Outra vez não, por favor. Não podia passar despercebida um único dia?

— Esta é uma escola para meninas, você sabe. Se quiser ficar, vai ter que provar que também é uma, porque não acreditamos em você. Tire a roupa.

Foi como se me dessem um soco. De fato, começava a sentir uma dor aguda, não no rosto, mas no coração.

— Não posso fazer isso, sinto muito. Não na frente de todo mundo, não posso.

Setenta pares de olhos grudados em mim, setenta rostos impacientes, e no cérebro, a dúvida: vai fazer ou não vai?

— Prefiro parar de estudar a ter que ficar pelada diante de todo mundo.

— Pois então pode ir embora.

Recolhi minhas coisas e me dirigi para a porta, enquanto — milagre! — escutava algumas companheiras censurando a professora por me humilhar daquela forma.

Sentia-me muito frágil. Como Zelmai, teria batido naquela mulher cruel, mas, como Nadia, não podia fazer nada. E a raiva e a impotência me deixavam exausta.

A professora me acompanhou para fora da sala, mas não para me pedir desculpas. Seu tom era muito mais conciliador, talvez graças às reclamações das minhas companheiras, quando me fez uma proposta:

— O que você acha de escrever um resumo de sua vida? Vou fazer algumas cópias e, dessa forma, todo mundo saberá definitivamente por que você anda disfarçada e o que aconteceu com seu corpo.

Não gostava nada da ideia de que o papel pudesse chegar a alguém que me conhecesse como garoto e juntasse as peças. Precisava manter aquela vida dupla, mas também não podia me negar a fazer o que ela pedia e, naquela noite, escrevi umas poucas linhas num papel para contar brevemente a minha história.

A ideia não funcionou: as garotas na escola não mudaram sua atitude de um dia para o outro, mas uma semana depois, a professora veio me procurar muito empolgada:

— Nadia, sabe quem foi jantar na minha casa sexta-feira passada? Um amigo do meu marido que é diretor de cinema...

Por que me contava aquilo?

— ... e quando contei sua história e mostrei o que você escreveu, ele ficou muito interessado em te conhecer.

Era o que eu temia. Tudo aquilo escapava do meu controle e me dava muito medo. Ela insistia que eu devia vê-lo, mas eu lhe disse que não queria e que, por favor, não fizesse nada em relação a mim.

Alguns anos mais tarde, soube que tinham feito um filme que lembrava um pouco a história da minha vida. Meu amigo Waiss me contou como curiosidade:

— Sabia que fizeram um filme sobre uma menina afegã que se faz passar por menino?

Meu coração deu um salto, mas reagi com rapidez:

— Esse diretor acha que somos idiotas? Se alguém fizesse isso, descobriríamos logo! Essa menina não tem peitos?

Para Waiss também parecia impossível:

— Pois é, claro...

E eu encerrei o assunto.

— Isso é fantasia, como os filmes de Bollywood. Se eu visse uma garota disfarçada de garoto, ia saber na hora.

Cheguei em casa suando, com os nervos à flor da pele. E não sentia vontade nenhuma de ver aquele filme que tinha tantas coisas sobre mim. Chamava-se *Osama* e estava para ganhar um monte de prêmios internacionais, embora tivesse um final dramático.

Estrangeiros

PARA NÓS, TANTO A EUROPA COMO os Estados Unidos eram outro planeta. Qualquer coisa que saísse do Paquistão, Irã, ou mais ainda, da Índia, era um território desconhecido, misterioso e atraente. Os estrangeiros que chegavam logo encontravam desconfiança e uma enorme curiosidade e respeito, ao mesmo tempo. Por isso, se alguém tinha interesse em se relacionar conosco, nós nos sentíamos honrados por nos diferenciarmos dos demais, mas isso também nos gerava problemas com a polícia e alguns vizinhos. Eu passei por isso porque, sem querer, chamei atenção de muitos jornalistas que vinham visitar o Afeganistão e procuravam histórias impactantes para seus meios de comunicação. Com muita frequência, eram os professores da escola que falavam de mim. Era como se eu estivesse na moda para os forasteiros. Acabei me sentindo como a mulher barbada do circo, e isso era a última coisa que eu queria.

Estávamos em plena aula de Ciências quando voltamos a escutar correria no corredor e a voz empolgada da secretária, que dizia meu nome. Soltei minha caneta. De novo a mesma coisa.

A mulher chamou da porta e entrou, apressadamente, sem esperar nenhuma resposta.

— Srta. Nur, srta. Nur! A Nadia pode sair? Vieram uns estrangeiros para vê-la.

A secretária me olhou com os olhos ansiosos, o resto da classe também me fuzilou com os olhos enquanto eu me levantava sem pressa. Toda hora a mesma história: estrangeiros, com seus melhores sorrisos, que vinham fazer fotos e perguntar sobre a minha vida. A princípio, eu sempre dizia que sim, porque ainda acreditava que eram sinônimo de gente importante, inteligente, rica, famosa... Era como se fossem uma raça superior a quem tínhamos que agradecer pelo único fato de se interessarem por nós. Não passava pela minha cabeça que entre eles pudesse haver pessoas ignorantes, más e aproveitadoras. Quando me faziam perguntas, eu acreditava que tinham um interesse sincero pelo meu caso. Quando faziam fotos minhas, eu achava que as colocariam em seu álbum pessoal, tal como eu fazia, com orgulho. No entanto, pouco a pouco fui aprendendo que, entre os estrangeiros que me visitavam, a maioria era jornalistas com a missão de mostrar ao mundo as minhas fotos e contar a todos a minha história. Eles mentiam para mim sem nenhuma vergonha, diziam o que eu queria escutar, com a cumplicidade absoluta dos meus professores, que agiam como meus representantes não autorizados e meus intérpretes — eu ainda não sabia inglês —, para os quais era mais importante sair na fotografia do que me proteger: "Fica tranquila, ele disse que não vai contar a ninguém e que as fotos só vão ser vistas pela família dele...".

Quando entendi qual era o jogo dos jornalistas, deixei de participar dele com alegria. Não me atrevia a bater de frente com eles, mas pedia para que me deixassem em paz, e desatava a chorar. Para alguns, minhas lágrimas pareciam mais estimulantes porque acrescentavam dramaticidade à cena, e não ficavam nem um pouco envergonhados em continuar batendo fotos. Minhas companheiras de classe me olhavam com inveja porque, segundo elas, eu era tão importante que os forasteiros me procuravam. Era inútil tentar fazer com que mudassem de opinião.

Conheci homens e mulheres de muitos países. E devo ter aparecido em muitas revistas e jornais que nunca me enviaram. Aquelas experiências me fizeram tomar consciência da importância de controlar minha história. Eles ganhavam dinheiro graças a mim? Então era justo que eu também ganhasse algo. No entanto, ao mesmo tempo em que descobri que eu tinha um valor, também me dei conta de que os estrangeiros não estavam dispostos a reconhecê-lo. Impor condições do meu lado — uma criatura perdida num canto do mundo do qual nunca sairia — parecia uma insensatez inaceitável para eles. Eles acreditavam que eu deveria me dar por satisfeita com a notoriedade que me ofereciam, mas, para mim, aquilo não me servia de nada: ao contrário, me dava muitos problemas. Não tinha direito de desejar o mesmo grau de dignidade e bem-estar que eles desejavam. E faziam com a minha imagem o que nunca tinham se atrevido a fazer com nenhum vizinho das suas ricas cidades.

Logo, não apenas os jornalistas me conheciam, como, graças à indiscrição dos meus professores e de seus amigos, minha história chegou aos ouvidos dos responsáveis de uma associação chamada wifw. E eu, que me sentia tão orgulhosa de ser independente graças ao meu trabalho, apesar dos calos e do cansaço, tive que admitir que nem sempre era ruim permitir que me ajudassem.

FEBRE E CORES

HAVIA TEMPOS EU GUARDAVA UM PAPELZINHO no bolso do colete. Quando minha mãe o lavava — esfregava várias vezes dentro da bacia de metal cheia de água — deixava tudo que encontrava nos bolsos em cima da prateleira. E quando o colete estava seco, aquelas coisas — quatro afeganes, um pedacinho de pão seco, o papelzinho — voltavam para os bolsos. Acho que aquele pedaço de papel quadriculado, de caderno, esteve ali por meses e meses. Eu não fazia nada com ele, mas não queria jogá-lo fora, porque podia me ser útil algum dia. Uma professora do liceu me deu, e eu, por causa do medo e do orgulho — por que as professoras sempre queriam resolver a minha vida? — o dobrei e guardei sem nem sequer olhá-lo. Sabia o que estava escrito ali: o nome de uma ONG e o endereço, o telefone e o nome da coordenadora. Mas eu não confiava nas ONGs, porque no campo de Jalalabad havia visto como a ajuda internacional se vendia, enquanto viúvas e órfãos morriam de fome.

No verão de 2003, no entanto, decidi abrir uma exceção. Tudo começou quando estava prestes a ir para a escola, como todos os dias. O sol estava escaldante, mas eu sentia muito frio e fraqueza.

Cambaleando, fui pegar a bicicleta, e quando entrei na sala de aula, minha amiga Mariam viu logo que algo não estava bem. Levou a mão à minha testa:

— Você está pelando, Nadia! O que você tem?

— Nada, nada, não se preocupe.

— Volta para casa logo, tá?

— Sim, sim, Mariam, vou voltar para casa, fica tranquila.

Estava tão acostumada a fazer o que queria que nem sequer escutei minha amiga. Precisava procurar trabalho; talvez fazer a manutenção de um poço ou atuar como operário na construção de alguma casa. Naquela época, a oficina de bicicletas não ia muito bem e eu sentia falta de um extra.

Fui até a praça dos jornaleiros, mas foi um esforço inútil. Tremia, a respiração me queimava e começava a sentir dor no corpo inteiro. Só tinha vontade de me deitar e fechar os olhos, que ardiam, e não conseguia pensar com clareza. Eu sabia muito bem o que tinha: malária. E sabia muito bem disso porque, todos os anos, pegava a doença duas ou três vezes. Todas as pessoas que trabalhavam ao ar livre e sem proteção nenhuma eram um banquete frequente para os mosquitos que transmitiam a malária. Tive que voltar para casa, como pude, e sem nenhum afegane para dar à minha mãe.

Uma vez ali, quando passou o frio, comecei a suar e deixei toda a roupa empapada. Minha mãe me deu uma muda limpa — a outra que eu tinha — e se dispôs a lavar a que eu tinha acabado de tirar. Como sempre, o que havia dentro dos bolsos foi parar na prateleira. E, de repente, prestei atenção naquele papelzinho que não quisera jogar fora: foi como se ele me chamasse. Pensei que conseguiria fazer um trabalho num lugar fechado e sentada, mesmo estando doente. E dormi.

No dia seguinte, sem dar bola para minha mãe, que suplicava que eu ficasse descansando, subi na bicicleta e fui até o centro. Eu me sentia atordoada e pesada, e só tinha um desejo: tomar um suco bem gelado. Nas lojas das calçadas, os sucos de garrafa de romã e cereja, feitos no Irã e no Paquistão, esperavam que alguém os tirasse de sua confortável cama de gelo. Desejava aquele sabor com o equilíbrio perfeito entre doçura e acidez, mas não podia me permitir gastar um centavo. Eu já pegara, uma vez, um pedacinho de gelo e o lambera com avidez. Naquele dia, preferi beber água de uma das torneiras que alguns lojistas ofereciam a todos, com um copo de alumínio atado para se servir. Estava com muita sede...

Finalmente consegui chegar à sede daquela ONG. Ficava muito longe de casa, e eu me sentia cansada como se tivesse subido o Indocuche.* As pernas tremiam, e tremeram mais ainda quando vi, na porta do edifício, guardas de segurança com cara de poucos amigos. Era muito cansativo ter que brigar sempre para mostrar que eu não era culpada de nada.

Entre a febre e a angústia de pensar como convenceria aqueles dois para que me deixassem passar, dormi apoiada na bicicleta. Acordei com a pancada de uma lata vazia que umas crianças jogaram em mim, pois deviam achar que estava drogada ou louca... Por sorte não me machucou, porque o turbante atenuou o impacto, mas me despertou. Era hora de entrar. Muito decidida, entreguei o papel a um dos guardas, dizendo a ele secamente:

— Dê isso para Simin.

— Que Simin? Tem muita gente que trabalha aqui — responderam, receosos de dar informação sobre uma mulher para um homem.

— Eu tenho aqui o telefone dela.

O guarda voltou a aparecer depois de uns minutos com duas mulheres que me deixaram entrar. Assim que o obstáculo foi superado,

---

*Cordilheira localizada entre o Afeganistão e o Paquistão Ocidental. (N. T.)

passei entre os guardas me sentindo vitoriosa, mas, assim que cheguei lá dentro, caí no choro por pura fragilidade, meio desmaiada.

— Ai, meu Deus...! Ai, meu Deus! O que está acontecendo com esse menino? Vamos entrar na sala, rápido! — escutei, como se fosse em surdina.

Umas mãos me seguraram e ajudaram a andar até um cômodo, grande e iluminado, onde desmaiei em uma cadeira. As paredes amarelo-claras pareciam recém-pintadas; a mesa também era bem nova, e na parede... uma estante cheia de cadernos. Sem dúvida, tinha ido parar num lugar abastado.

— Eu... eu... — balbuciei.

— Calma, calma e não se mexa por enquanto.

Não precisaram falar duas vezes: me sentia tão esmorecida que não conseguia mover nem um dedo.

A que falava comigo era a responsável, a quem Simin tinha avisado. Tinha uns quarenta anos, era alta e falava com a segurança de alguém que precisa enfrentar situações difíceis todos os dias. Por outro lado, as moças que tinham me recebido ainda me olhavam tão desconcertadas quanto se um óvni tivesse aterrissado diante dos seus olhos.

— Ajudem-na a se acomodar e tragam um suco de laranja bem gelado, que já vai melhorar. E depois, me deixem sozinha com ela, por favor.

Cadernos, suco e um tratamento gentil! Poderia ficar morando ali para sempre.

— Já sei quem é você, Nadia. Sua professora me falou de você.

A responsável foi muito atenciosa e me tranquilizou bastante. Ela me explicou que a WIFW era uma organização que ajuda as mulheres que foram vítimas da guerra em qualquer parte do mundo, através de subvenção econômica e oficinas ocupacionais. E eu a escutava e tentava não me distrair com os barulhos que vinham do resto da casa: conversas, gargalhadas e, sobretudo, saltos altos. Pareciam tão alegres aqueles "tap-tap-tap"! Ainda mais quando eu pensava que, em cima daqueles saltos, andavam mulheres que não cobriam a cabeça. Já tinha visto na escola e agora aqui: talvez fosse verdade que a liberdade voltava lentamente a Cabul...

Rapidamente expliquei a ela minha história, que ela conhecia por alto, e pedi ajuda para não ter que voltar a trabalhar no campo. Em seguida, ela me disse que me incluiria em um dos seus programas e que tudo daria certo. Voltei a olhar ao redor, tudo muito limpo e agradável. Pela janela dava para ver o pátio, cheio de rosas e com uma fonte no meio. Eu teria me sentido como alguém que descobriu uma mina de ouro não fosse pelos meus dezessete anos e o fato de já ter aprendido a não acreditar em contos de fada. E, principalmente, porque todo o corpo me doía por causa da maldita malária. Assim, em vez de pular de alegria, só consegui dizer:

— Muito obrigada.

— De nada. Vou explicar como funcionamos: temos grupos de quinze a vinte mulheres com experiências parecidas com a sua. Elas se encontram e contam o que aconteceu, e uma monitora as aconselha. Cada mulher ganha uma "amiga" dos Estados Unidos que envia quinze dólares todos os meses.

Isso não me deixou nem um pouco feliz.

— Não quero contar minha história para vinte mulheres. Obrigada, mas vou embora.

Ela, com gestos amáveis, mas firmes, impediu que eu me levantasse da cadeira.

— É que você não entende a minha situação!

Ela me assegurou que a minha história não sairia dali, e no final me ganhou pela determinação: aceitei. Como presente de boas-vindas, me deram uma lata de óleo de cozinha de dois litros, uma caneta e o que me deixou mais feliz: uma caixa de lápis de cor e três cadernos de folhas grandes. Não passou despercebido a ela que eu os olhava com desejo.

Quando saí daquela casa, já tinha esquecido as reuniões com as mulheres, as amigas americanas, os dólares e o suco de laranja: só tinha na cabeça as lembranças de quando eu era pequena e desenhava com Zelmai, enchendo os papéis de figuras, sem nunca suspeitar que os lápis pudessem ser um artigo de luxo para nós. Estava tão entusiasmada que, em vez de voltar para casa ou ir para aula, procurei um canto tranquilo, sentei-me no chão e comecei a pintar com todas as cores sem conseguir parar de sorrir.

Joias

— MAMÃE, SABE DE UMA COISA? Vou ter uma amiga estrangeira e ela me mandará dinheiro.

Minha mãe me observou atentamente para ver se a malária me fazia delirar.

— Estou bem, mãe. Olha o que me deram!

Mostrei a ela o óleo, os cadernos e todo o resto, e sugeri que ela fosse comigo ao WIFW, dizendo que ela certamente gostaria das pessoas de lá e que poderiam ajudá-la colocando-a em contato com uma colaboradora americana.

— Do que você quer que eu fale com uma estrangeira? E agora, por favor, limpe o pombal, porque seu pai está dizendo que fica incomodado com o fedor que vem de lá.

A conversa com a minha mãe havia terminado, eu não tinha como convencê-la. Olhei meu pai, sentado no chão com a mesma apatia dos últimos meses, e nem sequer tentei estabelecer contato visual com ele. Fui limpar a porcaria das pombas que ele criava, sem dizer mais nada.

Na primeira reunião do WIFW, revivi uma cena conhecida: vestida como de costume, quando entrei, assustei as mulheres que já estavam sentadas no chão, em círculo.

— Fiquem tranquilas, é a Nadia, uma menina — explicou a professora.

Eu me senti muito desconfortável naquela sessão. Não estava disposta a contar coisas a pessoas desconhecidas que podiam revelar meu segredo, e muito menos para as mulheres do meu bairro que eu conhecia de vista. A professora nos deu noções de higiene, mas para mim pareciam inúteis, porque pensava: "Como elas querem que tomemos banho se não temos sabão? Adoraria que voltássemos a ter chuveiro e xampu como quando eu era pequena!". Quando me arrisquei a dizer isso em voz alta, ela só pôde me aconselhar a ter paciência. Paciência, que grande conselho...

Pedi à professora que dissesse às outras que não me cumprimentassem se me vissem na rua, para não chamar atenção, mas não adiantou nada. Já desde o primeiro dia, na saída, quando eu caminhava até a bicicleta, decidida e sem olhar para trás, algumas companheiras me perguntavam para onde eu ia. Não podia fazer nada.

Teoricamente, tinha que assistir a duas daquelas reuniões todas as semanas, mas depois da primeira experiência só voltei mais uma vez. Mas sim: no início de cada mês passei a cobrar os quinze dólares. Em troca, tive que escrever uma carta de agradecimento, praticamente ditada, para aquela amiga da qual eu só sabia o nome e a cidade: Christina, Chicago.

Aquilo não funcionava. Os encontros não me ajudavam — muito pelo contrário —, e o dinheiro que me dava aquela desconhecida do outro lado do mundo não resolvia a minha vida. Falei com a responsável, e ela me sugeriu entrar no programa de formação no qual ensinavam a cortar pedras semipreciosas para fazer joias. Dessa maneira poderiam justificar que eu cobrasse aquele pequeno salário.

E foi assim que comecei a trabalhar na sede da WIFW. O problema era que aquele "pequeno salário" era muito menos que pequeno: era irrisório. A princípio não me pareceu tão ruim que me pagassem quinze dólares por mês, porque estava aprendendo um ofício e só me pediam duas horas de dedicação diária. Mas depois, quando me promoveram a ajudante de professor, cargo que implicava permanecer muito mais horas lá, esperei que o salário aumentasse proporcionalmente, e não foi assim. E o pagamento de quinze dólares para um trabalho de verdade era um abuso.

Eu não havia sido a aluna mais assídua do curso, porque quando encontrava trabalhos mais lucrativos, deixava de ir, mas aprendera muito, e inclusive diziam que eu era talentosa para lapidar pedras. Gostava de ver como aquelas pequenas pedras cheias de terra saíam como ametistas ou turquesas que iam parar em colares elegantes ou brincos. Aquelas pedras faziam muitas viagens: das rochas afegãs, de onde alguns líderes militares as extraíam, para o Paquistão, onde eram vendidas, e de novo para o Afeganistão, para serem cortadas e transformadas em joias.

Eu não era a única ajudante do professor Said. Tinha também uma mulher muito politizada, que sempre sofria porque tinha que alimentar seus filhos, e insistia que tínhamos que reivindicar nossos direitos, mas resistia e resistia. E uma moça jovem que me fascinava porque era a minha antítese: fina e vaidosa, quando se dignava a aparecer sempre estava maquiada e com um lenço pequeno e elegante sobre o cabelo impecável e com um penteado da moda. "Isso eu não posso fazer, porque estragaria minhas unhas!" Era tão incomum que não podíamos nem nos chatear, e permitíamos que ela fizesse os trabalhos mais delicados.

O professor Said — casado e com um monte de filhos — tentava flertar com ela, mas ela fazia chacota dizendo que ele era "igualzinho" a um ator indiano... Graças a ela, nós ríamos muito e, de vez em quando, conseguíamos que Said nos convidasse a comer algumas das balas de leite que comprava a quilo, das quais gostávamos tanto, que éramos capazes de surrupiar uma ou outra quando ele não estava olhando.

Não era apenas um capricho, naquela época passávamos muita fome. Quando eu chegava à wifw, ao sair da aula, todo mundo estava comendo. Sentia aquele cheirinho de carne que saía da cozinha, mas não tinha direito de comer ali porque não fazia parte do quadro efetivo. Quase sempre tinha que me conformar com o pão que levava na bolsa, enquanto esperava ter a sorte de que alguém, já satisfeito, me cedesse parte de seu prato.

Era de conhecimento público que o professor Said cobrava quinhentos dólares por mês. E eu, que tinha direito a apenas quinze, às vezes tinha problemas para cobrá-los por causa do tesoureiro da associação, um homem prepotente que gostava de me humilhar. Então eu me enfurecia e começava a ameaçá-lo com o pior que vinha na minha cabeça: normalmente dizia que ia explodir uma bomba debaixo da sua cadeira. Suponho que ele logo descobriu que eu não faria nada, mas naquele momento, de cabeça quente, se tivessem colocado uma bomba em minhas mãos, eu a teria detonado sem pensar duas vezes.

Passei quatro meses ensinando a cortar pedras e preparei os colares que depois eram vendidos na internet, até que fiquei de saco cheio. A diretora primeiro me disse que não podia pagar mais... mas no dia seguinte me comunicou que havia mudado de ideia e aumentou meu salário para cem dólares. Não perguntei a ela o que tinha acontecido, mas saí do seu escritório sonhando acordada. Quando, ao final de alguns dias, nos avisaram que o responsável internacional da organização, com sede nos Estados Unidos, havia chegado a Cabul e tinha intenção de falar com os trabalhadores, entendi tudo.

E foi assim que continuei na wifw. Num primeiro momento, cem dólares me pareceram uma fortuna. Comprei umas cortinas vermelhas, fazendo conjunto com o tapete, que cobriram pela primeira vez as janelas da casa. Também comprei uma pequena bateria que nos servia para fazer o velho toca-fitas funcionar e carregar a lanterna que usávamos para nos movimentar quando a noite caía. Minha mãe pôde trocar a bata que usava em casa e comprar uns sapatos mais confortáveis do que as sandálias de plástico do mercado das pulgas. E decidimos trocar também os colchões porque acordávamos com o corpo dolorido: em vez de enchê-los com roupa velha, compraríamos algodão para recheá-los. Mas para isso tínhamos que economizar.

Também comecei a levar óleo vegetal para melhorar a dieta da minha mãe que sofria do coração, e me acostumei a comprar carne uma vez por semana, mas só para ela: o resto da família tinha que continuar usando manteiga de origem duvidosa — que dava ânsias de vômito — para nossos pratos, e a carne só dava para o cheiro. Às vezes, eu até sonhava com aqueles ensopados deliciosos da minha infância, que dez ou doze pessoas podiam comer e todas ficavam satisfeitas.

Logo entendemos que era impossível que a nossa família saísse da miséria com aquele salário. Sim, nossa casa de dois cômodos estava mais acolhedora. E minha mãe comia de forma um pouco mais saudável. No entanto, não podíamos tomar leite com frequência, e eu precisava de uma mochila que não estivesse toda rasgada. E uns sapatos para poder substituir os que usava, tão ruins que viviam arrebentados e eu tinha que prendê-los nos pés com pedaços de tecido... Além disso, logo apareceram os gastos de verdade.

A CASA NA MONTANHA

POUCO TEMPO DEPOIS RECEBEMOS UMA VISITA inesperada. Ou melhor dizendo, uma visita que esperávamos, mas na qual preferíamos não pensar: a das proprietárias da casa.

Por elas soubemos a história da família que havia vivido no que tinha sido nossa casa nos últimos anos. Era um casal com um filho e três filhas. Durante a guerra, como todo mundo, tiveram que procurar refúgios temporários enquanto havia combates em seu bairro. Quando estavam no porão da casa de sua tia, os pais e o menino quiseram dar uma passada rápida em sua casa para pegarem mais cobertores e comida. As moças esperaram muito, mas eles nunca mais voltaram: uma bomba matara os três. E como costuma acontecer nessas histórias afegãs, a desgraça não acabou ali: quando elas foram procurá-los, caiu outra bomba e feriu a irmã mais nova, cuja perna teve que ser amputada. Apesar de tudo, me pareceu uma menina muito bonita, alegre e simpática. Falando com ela, que se sentia muito grata porque tínhamos cuidado bem da casa, chegava a me esquecer de que usava muletas e que não podia andar direito.

Ela, no entanto, não se esqueceria nunca, e quando, anos depois, suas irmãs se casaram e ela ficou sozinha, diante da perspectiva de envelhecer trabalhando como uma escrava para sua tia, tirana e desagradável, decidiu se enforcar na garagem.

Com a chegada das três irmãs, nós tivemos que procurar outro lugar. Pouco a pouco, algumas pessoas iam voltando do exílio, e ficou impossível ocupar uma casa nos bairros mais centrais. Nós não tínhamos dinheiro para pagar aluguel, então tivemos que nos mudar para fora de Cabul, ao pé da montanha. A região, naquela época, não tinha ruas estruturadas, lojas, nem transporte público, só casas dispersas construídas no meio de um nada deserto e poeirento.

A mudança para "a casa da montanha", como a chamávamos, foi rápida porque não tínhamos muitos pertences para levar. A única coisa que me deu trabalho foi me desfazer de todos os animais que criava para conseguir um dinheiro extra. Naquele momento eu tinha dez pombas, um cordeiro, um novilho, um falcão, um canário e dois papagaios, além de um cachorro. Já havia algum tempo tínhamos transformado um dos cômodos meio destruído da casa em estábulo, e, quando era preciso, eu ia vender um dos animais no *kaftar foroshe*. Era um mercado muito colorido e alegre, cheio de lojas de barro e comerciantes de rua, no qual se misturavam as vozes dos vendedores e os gritos de animais de todo tipo. Era impossível andar sem arriscar pisar num ganso ou num burro que acabasse dando um coice, mas para mim aquela multidão de gente e bichos me deixava de bom humor.

O dinheiro do WIFW e da venda dos animais acabou muito rápido, porque a casa da montanha estava em péssimo estado, e para podermos viver nela tivemos que fazer reparos antes, inclusive contratar um pedreiro para nos ajudar.

Logo nos demos conta de que um dos maiores desconfortos era que, além de não haver água corrente naquela região, a fonte mais próxima ficava bem longe, na planície. Pensei que poderia substituir o trabalho de criação de animais pelo de fornecedor de água. Depois de poucos dias já distribuía água, dentro de galões de gasolina, para os vizinhos. Era um trabalho duro, e isso não me assustava, mas ganhava muito pouco dinheiro com ele. Continuávamos vivendo na miséria e eu não estava disposta a deixar de estudar.

Então conheci meu benfeitor.

O PROTETOR ALEMÃO

TUDO COMEÇOU QUANDO MARIAM, A MOÇA que me havia consolado no primeiro dia de escola, me contou que tinha falado de mim para seu tio, que era como um pai para ela, e que ele queria me conhecer. Pouco tempo depois, eles me convidaram para ir à sua casa. Do mesmo jeito que aconteceu com minha amiga Mariam do ensino fundamental, fiquei deslumbrada com o que vi. E, também como naquela ocasião, encontrei alguém empenhado em me ajudar. Neste caso, o tio Ganí. Depois de falar com Mariam, pediu para que eu fosse vê-lo no escritório, em uma usina elétrica. Conhecia o local: quando era pequena, ia com frequência visitar uns parentes que moravam perto dali. De cara tive medo que alguém me reconhecesse e que isso pudesse me causar problemas, mas por sorte não aconteceu nada, e no final fiquei contente por ter ido porque pude verificar que a tinham reconstruído depois de a guerra tê-la destruído.

O tio Ganí era um engenheiro que trabalhava de assistente e tradutor para o sr. Hans, um executivo alemão que tinha ido para o Afeganistão a trabalho. Eu me senti intimidada por aquele homem estrangeiro, já um senhor, sério e formal, que sempre parecia dar ordens.

Limitei-me a responder suas perguntas, que o tio Ganí traduzia, sem entender o que eu fazia ali.

Logo as formalidades e a entrevista acabaram. E tio Ganí me pediu para agradecer e me despedir, e já fora do escritório me explicou que o alemão tinha pedido que me acompanhassem para fazer compras.

Em seguida, estava dentro do táxi com a tia de Mariam, que tinha uma carteira cheia de dinheiro para gastar no que eu precisasse nas lojas do centro, onde normalmente não me deixavam nem entrar. Parecia um sonho. Compramos turbantes para meu pai e para mim, e sapatos e roupa para mim, minha mãe e minhas irmãs. Eufórica, me atrevi a pedir também um relógio. Muito tempo atrás eu usava relógio, mas os que tivera até então eram extremamente simples e quebravam com frequência. A esposa do tio Ganí me censurou:

— Quem sabe na próxima vez?

Eu não sabia muito bem qual era o combinado, nem se teria uma segunda vez, mas decidi aproveitar aquele momento. A parte mais feliz foi quando cheguei em casa e mostrei para minha mãe aquela bolsa enorme cheia de vestidos que, para nós, pareciam luxuosos.

No dia seguinte voltei a visitar o sr. Hans, para agradecer. Ele me deu uma piscadela e, com um leve sorriso, me disse:

— Sei que você não tem um relógio.

Por um momento, pensei que me diria que tentei abusar da sua generosidade, mas, em vez disso, observei, com os olhos arregalados, enquanto ele tirava o relógio do próprio pulso e o entregava para a secretária, dando a ordem para que ela o levasse para ajustar para que ficasse do meu tamanho.

E assim, de repente, parecia que a minha sorte tinha mudado. Hans, não sei por quê, tinha decidido me ajudar sem pedir nada em troca e sem limites aparentes. Nunca me deu dinheiro em espécie: ele o dava para o tio Ganí, que o administrava segundo minhas necessidades. Pudemos comprar cadeiras para que minha mãe, que tinha um problema grave nos joelhos, pudesse se sentar confortavelmente. Não voltou a nos faltar nem comida, nem os remédios. E mais para a frente, inclusive, pudemos sair daquela casa tão desconfortável na montanha, porque ele pagou o aluguel de uma mais bem-localizada, onde pediu para que construíssem um poço no quintal com uma bomba de água, invejada pela vizinhança.

AJMAL

AJMAL TINHA ALGUMAS DIFICULDADES COM OS estudos, e sua letra feia lhe causava problemas com os professores. Eu tinha muita vontade de passar um tempo com ele, por isso me ofereci para lhe ensinar caligrafia todas as semanas.

— Zelmai — me dizia Ajmal —, quando eu me casar, você vai fazer meus convites. Se não fizer, eu te mato, hein?

Tudo era intenso entre nós.

Nem sempre trabalhávamos. Às vezes, tomávamos chá e inventávamos negócios que podíamos fazer juntos. Criaríamos cordeiros, montaríamos um *cyber* café... Sonhávamos sobre como ficaríamos ricos e estaríamos bem.

Mas uma coisa eram os sonhos e a outra, a realidade: a fome e a miséria. Apesar de estar melhor do que nunca, de vez em quando tudo ia por água abaixo. E claro, aquela felicidade que eu sentia era por um amor que não tinha nenhum tipo de futuro. Nem sequer poderia manter os amigos para sempre, porque, mais cedo ou mais tarde, minha mentira acabaria nos separando.

Eu vi que não podia continuar daquela maneira depois de uma visita ao médico da minha mãe, o qual nos lembrou que ela sofria de um problema no coração, e que era preciso que se alimentasse melhor. Por isso, quando um conhecido me sugeriu que me encarregasse de umas terras em Kandar, eu aceitei. Nem o amor nem a amizade me dariam comida e remédios para meus pais.

No mesmo dia fui contar ao meu grupo de amigos, e Ajmal disse, desolado:

— Você não pode ir embora! E eu, como fico? Não vamos poder ficar juntos!

"Por que ele está tão triste se não sabe que sou uma menina?", eu me perguntava, com um frio na barriga.

— Já decidi, Ajmal; partiremos depois de amanhã. Lá vou poder sustentar minha família e não terei que dar explicações a ninguém.

Para a despedida, Waiss nos convidou para passar a noite na sua casa, algo que nunca tínhamos feito e que eu, ao mesmo tempo, queria e não queria. Mais que tudo, eu tinha medo que me desmascarassem, por isso pedi à minha mãe que quando tivessem se passado duas horas, mandasse minha irmã Rosiá me buscar, com a desculpa de que nossa mãe estava mal e precisando de mim.

E assim, jantamos juntos, tomamos chá, e Rosiá não chegava. Começamos a ver televisão, e nem sinal de Rosiá. Eu estava nervosíssima, mas não podia dizer nada, e quando Waiss propôs estender os cobertores, não tive outra saída além de aceitar. Eu tive que dormir junto a Ajmal, e isso ainda complicava mais as coisas. Sofria muito pensando que pudesse ter acontecido algo com Rosiá, sofria para que meus amigos não descobrissem quem eu era, e sofria porque Ajmal estava tão perto que eu não conseguia nem respirar. Foi uma noite tão cheia de emoções que parecia que meu coração ia arrebentar.

No dia seguinte, quando o sol saiu, eu estava uma pilha de nervos, morta de sono porque tinha passado a noite em claro, e corri até minha casa, onde soube que Rosiá não havia ido porque tinha medo de sair à noite. Senti vontade de matá-la! Mas logo a vontade passou: só pensava em cada um dos minutos que passara com Ajmal. Tão bonito, tão divertido, tão gentil... e tão carinhoso comigo. Como era possível?

Naquele dia, preferi ir fechar os contratos pelas terras em Kandar. No caminho, não parava de sorrir pensando no meu amigo, mas o sorriso se desfez logo depois de chegar à casa do meu conhecido:

— Zelmai, sinto muito, mas parece que meu pai já cedeu as terras sobre as quais te falei para outra família. Por favor, me desculpa!

Senti como se ele tivesse jogado um balde de água fria em mim. Teria que voltar à minha vida complicada de Cabul.

E de novo, naquela tarde, Ajmal me surpreendeu:

— Estou tão feliz porque, no fim das contas, você acabou ficando! Não se preocupe com nada, você estuda e eu ajudo como puder.

Como quis abraçá-lo!

Felizmente, parecia que o grupo não se dava conta de nossa relação tão especial, tudo parecia perfeitamente natural. Nós nos víamos quase diariamente para estudar — quando não era caligrafia, era inglês, ou então, nos ajudávamos com matemática ou o que fosse necessário —, e também nos encontrávamos muitas vezes para dar uma volta ou nos divertirmos. Um dia, estávamos todos conversando na rua, em frente à loja de roupa de nossos amigos Nazad e Naqil, quando nos demos conta de que era a hora da prece da tarde.

— Venha, Zelmai, por que não fazemos o *jamad* juntos? Vamos rezar aqui mesmo, e você nos orienta, tá certo?

— Certo, venha, vamos no organizar.

Tal como os mulás faziam, virei de costas para meus três amigos, tapei o rosto com as mãos e disse as palavras do início da reza: "*Allah akbar*". Às vezes, depois desse momento, eles desapareciam para curtir com a minha cara, ou era eu quem me escondia enquanto eles estavam agachados com a testa encostada no chão e não podiam me ver. Mas, naquele dia, todos nós levamos o ritual a sério. E foi sorte, porque quando acabei e me virei, vi que, além do meu grupo, havia umas vinte pessoas me acompanhando. Entre elas, um alto funcionário municipal e um mulá do outro povoado que me parabenizou, para minha surpresa. Aquela história correu pelo bairro e fez o meu prestígio crescer.

Para mim, só o que interessava era o que Ajmal e o resto pensaram de mim.

E sei que me viam como um personagem um pouco bizarro, excêntrico e às vezes taciturno, mas gostavam de mim, apesar de tudo. Sabiam que havia segredos que eu queria manter, como minha idade. Normalmente dizia que era mais novo que todos eles, porque pensava que assim não ficariam surpresos pela minha barba ainda não ter crescido nem pela minha voz que não tinha mudado. Mas de vez em quando queria reforçar que não era nenhum pirralho. Como no dia das eleições.

Em novembro de 2004, um dia em que Ajmal e eu andávamos juntos de bicicleta, ele me disse:

— Olha, Zelmai, já sou maior de idade. E sabe de uma coisa? Já votei. Tchan! Olha! — Ajmal me mostrou o cartão de eleitor que tinham dado a ele na seção eleitoral.

— Ah, sim — falei, fingindo indiferença —, eu também vou votar hoje.

Ajmal riu:

— Como você quer votar se ainda não tem dezoito anos? Não tem nenhum pelo no rosto!

— É que fiz um feitiço! Claro que tenho dezoito anos — rebati com um sorriso forçado.

Ele havia tocado num ponto sensível. E meti na minha cabeça que eu também tinha que votar de qualquer jeito e conseguir um título de eleitor como o de Ajmal, que demonstrasse que eu não era mais um pirralho.

Não foi fácil. Primeiro procurei uma seção eleitoral na qual não tivesse muita gente e em que o controle da entrada não parecesse muito rígido. Então me sujei com poeira do chão, e entrei bem decidida.

— Você vai aonde? — me perguntou um homem em dari. Eu respondia a ele em *pashto:*

— Desculpa, mas não te entendo. Me disseram para vir aqui votar... — Minha intenção era parecer alguém que não se informou de nada.

Os três ou quatro responsáveis da seção começaram a discutir se podiam me deixar votar ou não porque eu parecia muito jovem. Um deles, que falava em *pashto*, perguntou minha idade, eu disse que tinha dezenove anos. Não conseguiam acreditar.

— Inclusive tenho família — acrescentei.

O debate continuava. O que falava em *pashto* comentou que era verdade que nas comunidades rurais *pashtuns* as pessoas se casavam muito novas. No final, permitiram que eu fosse votar.

— O passaporte, por favor.

— Como? Que *paspot?*

Aquele homem suspirou, resignado.

— Olha... molha o dedo nesta tinta e coloca uma impressão digital no papel, e tá tudo bem.

Depois me deram um papel cheio de fotos e nomes de candidatos, e uma caneta para que marcasse algum, ali diante deles. Sob o olhar de todos, fiz uma cruz no nome de Hamid Karzai.[*] A verdade é que, para mim, não importava quem ia ganhar.

Ao final de uma hora — depois de tomar banho —, entrei triunfante na casa de Ajmal para mostrar a ele o meu título de eleitor. Acho que mais que confirmar a minha idade, voltei para mostrar a ele que era teimoso e que eu conseguia fazer tudo o que me propunha.

---

[*]Cientista político que concorreu às eleições de 2001 e foi presidente do Afeganistão até 2014. (N. T.)

Ele sabia que eu era muito orgulhoso, e que às vezes era melhor ir na minha onda para que eu não me sentisse mal. Por exemplo: como sabia que muitas vezes eu deixava de comer para cumprir o meu programa diário de estudo e trabalho, que era muito apertado, ele procurava desculpas para que eu fosse à sua casa.

— Zelmai, por favor, poderia repassar comigo a matéria de inglês? É que não estou entendendo.

Quando eu aparecia na sua casa, casualmente encontrava um prato pronto de ovos mexidos.

Sua ternura me desarmava. E seus sonhos me desorientavam. Ele imaginava que um dia, sua tia, que morava em Londres, iria lhe propor que fosse morar com ela, e uma vez instalado lá, ele pediria a ela para que eu fosse também. Eu terminava aquele sonho com um pensamento: em Londres, eu poderia dizer a Ajmal que era uma menina, e continuaríamos a ser bons amigos... Não me atrevia nem a imaginar que ele e eu pudéssemos ser algo mais que isso.

Eu me esforçava para falar com ele sobre garotas, para perguntar de quais ele gostava, para aparentar que eu também estava de olho em alguma e para imaginar como continuaríamos a nos ver quando já tivéssemos mulher e filhos. Mas isso me magoava, e eu ficava impaciente para ficar perto dele. Quando nos cumprimentávamos, dávamos as mãos e tocávamos o ombro um do outro, e aquele contato me queimava. Eu queria mais: desejava dar um beijo nele e não podia, e isso fazia com que eu me sentisse impotente e com vontade de chorar.

Minha mãe me prevenira contra o amor e, sobretudo, contra o casamento — que no Afeganistão são duas coisas que normalmente não têm muito a ver —, e tudo me indicava que ela tinha razão: conhecia centenas de histórias infelizes de casais que não podiam se casar e de casados que não podiam nem se ver, e em todos os casos, quem mais sofria, de longe, era a mulher... Mas mesmo assim, eu tinha me apaixonado por Ajmal até a medula. Ele me valorizava, fazia com que me sentisse especial, e me dava esperança e felicidade, além de força para suportar os comentários bem-intencionados das minhas tias, que diziam: "Nadia, ajuda sua mãe porque não pode se casar". E me sugeriam: "Se você quiser, quando sua mãe morrer, podemos ficar contigo". Não viam em mim uma pessoa capaz, com personalidade e vontade de ajudar, viam alguém mutilado e sem perspectiva.

Às vezes, essa visão das minhas tias me contagiava, e eu imaginava que no futuro teria que pedir às minhas irmãs ou a algum familiar que me deixasse viver na sua casa em troca de trabalho doméstico. Mas depois reagia e dizia: "Isso é um absurdo. Não preciso me casar ou ser acolhida para seguir adiante: sou uma pessoa inteligente que pode viver perfeitamente sozinha!". Ajmal me ajudava a acreditar em mim. E eu o amava loucamente.

E sentia que ele, de uma maneira inexplicável, sentia o mesmo.

Se você não come, eu também não como

UMA NOITE, AO SAIR DE UMA aula de inglês, Ajmal comentou comigo que não tinha comido.

— Por que não? — perguntei.

— Porque pensei que você ainda não tinha comido. Se você não come, eu não tenho vontade de comer. Se você não bebe, eu não tenho vontade de beber.

No dia seguinte, não pude comer em casa e, quando vi que minha mãe tinha cozinhado o prato preferido de Ajmal — batatas com molho —, decidi que, se ele não podia comê-lo, eu também não comeria.

— Que bobagem! — minha mãe jogava na minha cara. — Quando Ajmal vier aqui damos um prato para ele, não se preocupe.

Mas eu perdera o apetite e só o recuperei à tarde, quando voltamos a nos ver e pudemos comer juntos. Naquele dia confessamos sentimentos que teriam escandalizado qualquer um por sermos dois garotos:

— Zelmai, senti dor de cabeça o dia inteiro, e agora que estamos juntos, ela acabou de passar.

— Eu... eu também, Ajmal.

Saímos na rua, maravilhados com aquela magia, dividimos uma Pepsi e passeamos cambaleando e rindo como se estivéssemos bêbados. As confissões continuaram, cada vez mais desinibidas:

— Quando vou dormir, fico triste por você não estar por perto — ele dizia. E eu não parava de rir, cheia de felicidade.

No dia seguinte, às quatro da madrugada, eu já estava diante da sua casa para irmos juntos rezar na mesquita. E antes de nos separarmos para cada um ir para sua escola, combinamos que jantaríamos juntos em casa naquela noite. Minha mãe não estava bem, por isso pedi a Ajmal que se encarregasse de comprar carne e levar.

— Zelmai, com esse turbante que você está usando e essa mochila, você parece da Al-Qaeda!

— O que você está dizendo?

Ajmal foi embora correndo e rindo.

O dia todo foi uma contagem regressiva. Estava muito empolgada, pensando em todas as horas que passaríamos juntos: a tarde, o jantar e depois, quando o acompanhasse de bicicleta até sua casa.

Por isso foi tão decepcionante quando cheguei em casa às cinco da tarde e ele não estava nem tinha levado a carne, como havíamos combinado. Eu tinha me iludido muito?

Num primeiro momento, eu me dei conta de que minha mãe não tinha ido até a porta para me receber, como sempre, para me cumprimentar com alegria. Naquele dia, eu a encontrei de costas, fazendo algo que eu não consegui ver. Eu larguei a mochila e comecei a falar do jantar, quando ela mudou de assunto sem se virar:

— Zelmai, você é uma pessoa muito religiosa, não é verdade?

— Você sabe que sim.

— Alá nos dá e Alá nos tira.

Me aproximei:

— O que aconteceu?

Minha mãe escondia o rosto, banhado em lágrimas.

— Ajmal sofreu um acidente.

— Ah! — ri. — Que desculpa horrível para chegar tarde hoje. Sempre está de brincadeira.

— Não — ela me respondeu muito séria —, é verdade. E machucou muito... a perna.

Eu continuava me enganando:

— Eu vou ajudá-lo, está tudo bem. Vou para a casa dele!

Saí de casa feliz, pensando que logo estaria perto dele.

Diante da porta havia uma multidão incomum, e, quando cheguei, tive a sensação de que todos me olharam e deixaram de fazer o que estavam fazendo.

— O quê? O que aconteceu?

Não tive tempo de pensar; um primo de Ajmal me falou de uma vez:

— Ajmal morreu hoje cedo. Tentamos esperar, mas, como você não chegava, tivemos que levá-lo ao cemitério.

— Não.

O tempo parou.

Mais tarde me contaram que, às sete da manhã, Ajmal estava carregando a carne e os tomates que já tinha comprado e que ia levar para a minha mãe, quando um carro o atropelou. Um absurdo, uma coisa terrível. E eu via Ajmal no chão, e os tomates rolando pela rua. Mas já não estava deitado no meio da rua, e sim no cemitério, porque os hospitais não tinham câmaras frias para guardar os mortos, que tinham que ser enterrados depressa.

Comecei a andar na direção do cemitério, quase uma hora a pé. Como se tivesse ficado louca, no caminho eu ia parando para pegar areia e pó com as mãos, quebrando as unhas, e jogava tudo na cabeça, como se eu mesma quisesse ser enterrada. Por dentro, eu gritava e chorava, mas a voz não saía, estava longe, eu tropeçava, perdi meus sapatos... Quando cheguei, a tumba estava fechada, e tinham colocado flores em cima. Estava cheio de gente. Eu me lembrava daquela vez em que Ajmal me acompanhara ao túmulo de Zelmai. Ele havia me ajudado a colocar pedras paralelas para indicar que ali jazia um homem, e tínhamos colocado uma vara com um lenço verde indicando que Zelmai era um *shaid*, uma vítima inocente da guerra. Rezamos da maneira tradicional, olhando nossas mãos como se fossem um livro aberto, pedindo a Deus que perdoasse os mortos.

Naquele dia, era Ajmal quem tinha sido enterrado, e foram outros amigos que tiveram que me levar para casa. Às três da madrugada, eu acordei, lembrei com um sobressalto do que tinha acontecido e voltei sozinha ao cemitério. Então, pude chorar. Chorei por Ajmal, e aquelas lágrimas derrubaram a barragem da represa que estava cheia, até o topo, de lágrimas que eu nunca tinha vertido por Zelmai. Chorei rios, correntes, mares. Chorei por todos os meus lutos. Na manhã seguinte, os pais de Ajmal me encontraram ainda na tumba, dormindo. Empapada da lama formada pelas minhas lágrimas e a terra.

Não tenho nenhuma lembrança de como voltei para casa na segunda vez. Na verdade, não tenho a menor ideia de como respirei nos dias seguintes. A minha vida tinha se extinguido dentro do coração. Minha mãe me explicou que passei cinco dias como se fosse uma marionete, sem vontade nem consciência. No sexto dia, voltei à vida, mas fui tomada por uma dor insuportável. Eu me sentia como se, de repente, tivessem me enviado a um planeta a mil anos-luz, no qual não conhecesse nada nem ninguém. Meus amigos iam me ver, me levavam comida, me abraçavam, mas eu rejeitava todos eles. Batia neles, botava todos para fora aos gritos. Não tinha lugar para mais nada além da minha dor.

Eu me entregava, esperando morrer de uma hora para outra. Mas uma professora do liceu que foi me visitar decidiu me impedir: disse à minha mãe que era urgente que eu consultasse um médico, que me levassem imediatamente. E ela mesma, e o tio Ganí, me acompanharam ao hospital, onde me encheram de sedativos e alertaram os funcionários para que não deixassem nada ao meu redor com que eu pudesse me machucar. Também procuraram me curar espiritualmente: acompanharam-me ao mausoléu de um santo para rezar por mim. Eu, completamente drogada, não tinha como pensar, e não lembro nem de suas preces nem de suas lágrimas.

Naqueles dias, tio Ganí virou um pai para mim: sofria por mim e não me deixou sozinha nem um momento. Um dia, ele me disse para entrar no carro, que me levaria ao escritório do sr. Hans. Entrei como um cordeirinho, não me importava se ele ia me levar para lá ou a qualquer outro lugar no mundo.

O sr. Hans me recebeu muito sério; talvez mais do que o normal. A duras penas, nós nos sentamos, um de cada lado da sua mesa de escritório, quando ele me perguntou:

— Disseram que você não está bem. O que aconteceu, menina?

Respondi que minha vida não tinha mais sentido desde que meu amigo Ajmal morrera.

— Você morrer também não é a solução. — Não dizia isso escandalizado, nem com pena, nem preocupado com o que todas as pessoas tinham falado para ele. Por isso mesmo eu o escutei com atenção. — Vou contar uma coisa.

O sr. Hans me contou que, durante a Segunda Guerra Mundial, quando os russos entraram no povoado alemão no qual vivia, mataram seu pai diante dele e levaram sua mãe; não voltaram a vê-la nunca mais.

— Mas tanto minha irmã como eu continuamos aqui, estudamos e seguimos adiante. E isso é o que você tem que fazer.

Disse isso com o mesmo tom que falava sempre, com rispidez: quase como uma ordem. E, pela segunda vez, sua intervenção foi decisiva. Naquela época, isso fez com que eu me sentisse menos sozinha. Ele me olhava com firmeza e sem se compadecer: entendia o que estava acontecendo comigo, e não permitiria que eu me entregasse. Ele me ajudaria, mas em troca queria que eu ajudasse a mim mesma.

O sr. Hans decidiu impedir que eu voltasse a me isolar, e me deu um telefone celular, que era muito barato naquela época — de fato, eu fui a última do grupo a ter um. Eu não fazia ligações, mas agora estava localizável, e assim todos podiam checar se eu estava bem.

Tinha muitas lembranças de Ajmal: todos os dias, constantemente. Ia visitar sua família, e como me conheciam bem, ao me ver tão abalada, sua mãe até se permitiu quebrar todo o protocolo e chorar muito comigo, sem nem sequer se cobrir. Seu pai me perguntou um dia se eu poderia ajudá-lo a escrever convites para o ato em memória de Ajmal. Ele, como eu, relembrava continuamente as conversas que tivera com seu filho, as gargalhadas, tudo aquilo que tinham vivido juntos... e recordava que Ajmal dissera a ele que eu tinha uma letra linda, e que nós tínhamos combinado que eu escreveria seus convites de casamento.

— Ele não vai se casar mais, mas com certeza teria gostado que você escrevesse as lembrancinhas.

Minha missão era colocar o destinatário das cartas, que já estavam impressas. Disse que sim sem hesitar, mas foi duríssimo ler cem vezes o nome de Ajmal ao lado da palavra *morte*. Tentei fazer minha melhor letra, mas em todas as cartas a tinta escorreu por culpa das minhas lágrimas.

Aqueles papéis convocavam parentes e amigos a compartilhar do luto: todas as sextas-feiras, durante quarenta dias, nos encontramos para ler o Alcorão e comer juntos, tal como manda a tradição. Muita gente gostava de Ajmal, e aquelas cerimônias sempre estavam abarrotadas. Pouco a pouco, entre nós, íamos nos despedindo. E em cada um dos quarenta dias, seus irmãos levavam para alguma família pobre a porção de comida que ele teria consumido. Nesse ritual, não se esqueciam de nenhum detalhe: levavam o prato de comida, a sobremesa, um pouco de sal ou de açúcar, o chá, os guardanapos... Na segunda semana, eu substituí a irmã de Ajmal nesta tarefa. Chorava desesperada dando de presente aqueles alimentos que teriam sido para o meu amado, mas parecia que, de algum modo, enquanto fazia coisas para ele, ainda tinha um pouco dele comigo...

O resto do mundo não me interessava mesmo.

Mas meus amigos não estavam dispostos a me ver cair, e esperaram por meses até que eu estivesse pronta para me deixar ajudar e começar a sair do fundo do poço. Enquanto isso, continuavam levando comida para mim, abraçando-me, e aguentavam, estoicos, minhas recusas, sem desistir.

Ashraf e Afzal pensaram um dia que, se pedissem para eu dar uma aula, como fazia com Ajmal, eu não poderia me negar. Primeiro resisti, mas eles tinham previsto isso e me mostravam como seria fácil:

— Você só precisa passar os deveres e depois corrigi-los, tudo bem?

Tive que aceitar, e, assim, me deram uma pequena centelha de luz, que obstinadamente foram fazendo crescer.

Nas aulas de caligrafia — que finalmente conseguiram que eu ministrasse — se faziam de bobos para que eu risse, ou ao menos saísse um pouco da minha tristeza. E com isso já tinham o suficiente: ao fim de algumas horas, Afzal aparecia na porta da minha casa e me fazia outra proposta que sabia que me obrigaria a sair e esquecer as preocupações por um tempo.

— Vou ao cemitério, vem comigo? Dessa maneira você rega a amoreira, tenho água no carro.

Os afegãos dizem que, antes de morrer, você tem que plantar uma amoreira e construir uma ponte, porque assim a caridade nunca vai parar. Ajmal não tivera tempo de fazê-lo, por isso plantei a árvore por ele, junto à sua tumba.

Meus amigos tinham conseguido me tirar do isolamento.

Em busca do paraíso

E FOI AÍ QUE O SR. Hans me avisou que sua tarefa no Afeganistão tinha acabado e que voltaria para seu país. Disse que tinha deixado um dinheiro para que eu pudesse estudar, e que o tio Ganí o administraria e o manteria informado do que eu fazia, mas não me disse qual era a quantia. Eu não sabia o quanto tudo isso duraria, e o fato de o sr. Hans não estar por perto me deixava um pouco nervosa.

Deixei de ir à minha pequena oficina de reparos de bicicletas. Lá, só Khalil trabalhava, e pouco tempo depois comprou o negócio de mim. Na escola, eu não absorvia nada, não me aguentava de tanta vontade de chorar e decidi não voltar. No entanto, aconteceu algo muito insólito: um grupo de companheiras do liceu se organizou para ir me buscar em casa e me levar para a aula todos os dias; não queriam que eu abandonasse os estudos. Os professores também reuniram esforços e me pressionaram a continuar. Sem nem perceber, tinha passado de monstro horripilante a companheira aceita e principalmente querida. Todo mundo me conhecia, não apenas pela minha aparência, mas pelas boas notas que tirava, e por eu ter pulado duas séries rapidamente por ter recebido aulas particulares intensivas durante as férias anteriores.

Mas o desânimo me invadia constantemente, e naqueles momentos eu queria ficar no ambiente isolado da minha mesquita: ali, ficava tranquila e podia pensar. Uma sexta-feira, depois das orações, fiquei para ler o Alcorão. Perto de mim, um desconhecido rezava o *vasifá* e, de vez em quando, me olhava de esguelha, como se estivesse tentando me avaliar. Depois de um tempo, ele se aproximou e fez um gesto para me perguntar se podia se sentar ao meu lado. Encolhi os ombros como se dissesse: "Faz o que você quiser, que eu estou aqui na minha". E continuei lendo, tentando ignorá-lo até que não pude mais e, desconcentrada, fechei o livro. Então ele, que permanecera em silêncio, se dirigiu a mim:

— Você é jovem e religioso. Deus vai te dar tudo que quiser.

Sua voz era profunda, calorosa e serena. Olhei para ele: tinha uns quarenta anos, uma barba grande e negra e usava um chapéu. Era um homem de aparência normal, mas que, não sei por que, me parecia atraente. Talvez fossem os olhos, perspicazes e bonitos, que me olhavam com interesse. Sem perceber, estava contando a ele sobre a tristeza que sentia pela morte de Ajmal:

— Desde que ele morreu, não tenho vontade de fazer nada. Estou cansado do mundo e não quero sair da mesquita nunca mais.

Ele me escutou durante muito tempo. Um pouco antes de ir embora, perguntei a ele por que tinha ido à mesquita se não era do bairro, e ele me respondeu que fora ao bairro procurar seu irmão.

— Eu ajudo o mulá dessa mesquita, talvez eu o conheça! — disse, feliz em poder ajudá-lo, mas ele agradeceu a minha proposta com uma resposta vaga:

— Acho que você não o conhece, mas obrigado...

Nos dias seguintes, o homem voltou, e depois das orações, retomamos nossa conversa. Ele parecia realmente interessado em me conhecer, e eu me sentia livre para expressar muitas coisas.

Gostava tanto daquela figura que queria que meus amigos o conhecessem também. Eu o chamava de "o boa gente". Só Waiss concordou em me acompanhar para vê-lo. Quando o chamei na porta de casa, saiu com uma tremenda cara de sono. Depois de rezar, apresentei meus dois amigos, e começamos a conversar. Mas, de repente, o mulá se aproximou e gritou para o desconhecido:

— Você, fora daqui! Vai embora!

Waiss e eu arregalamos os olhos. O que aconteceu com o mulá, que sempre era um homem tão prudente e tranquilo? Como podia expulsar alguém da mesquita e, mais ainda, uma pessoa tão caridosa? Então, "o boa gente" se defendeu:

— Eu não fiz nada!

Mas o mulá estava fora de si, tremendo de raiva:

— Deixa estes meninos em paz! Vai embora senão eu vou contar tudo!

Nós três saímos muito abalados. Eu não entendia o que tinha feito o mulá perder as estribeiras daquela maneira, e estava muito chateada com ele, por ter provocado uma situação tão embaraçosa.

No dia seguinte, eu não senti vontade nenhuma de voltar à mesquita, mas saí de madrugada como sempre, pensando em tudo o que acontecera. E perto dali vi aquele homem rezando o *vasifá*. Senti uma onda de emoção, e ele sorriu para mim como se estivesse me esperando desde sempre. Nós nos sentamos no chão e começamos a conversar. Eu expliquei a ele como estava magoada e envergonhada pelo homem que considerava meu mestre. Ele não quis dar muita importância a isso. Estava muito confusa, mas me fascinava tanto estar com ele que não conseguia pensar em mais nada. Seu discurso parecia muito com o dos talibãs, mas ele dizia que não era um deles, e como não usava turbante e, principalmente, como não parecia em nada com um típico talibã ignorante e selvagem, muito pelo contrário, fui absorvendo tudo o que me dizia. Escutei seu discurso em que defendia que o sistema era corrupto e que as pessoas que participavam dele iam para o Inferno...

— Por outro lado — dizia convicto —, aos que morrerem por Deus as portas do Paraíso estarão abertas; setenta pecados serão perdoados e setenta pessoas da sua família vão se salvar. Imagina, Zelmai, você poderia voltar a ver seu amigo Ajmal!

Ver Ajmal e ser perdoado... aquilo era música celestial para os meus ouvidos. Mas dois dias depois voltei a passar diante da mesquita e era o mulá quem me esperava:

— Zelmai, entra aqui, por favor.

Seu tom era o de sempre, tranquilo e reflexivo. Disse que lamentava ter causado aquele alvoroço, mas que devia fazê-lo:

— É que, Zelmai, este homem não é muçulmano nem nada. É um *wahabí** que está procurando gente para assassinar outras pessoas, e voltar a um regime como o dos talibãs.

Abriu os meus olhos, mas eu disse a ele que tinha combinado com o homem na sexta-feira seguinte, e senti necessidade de pedir permissão para ir.

— Agora você já sabe quem ele é. Pode seguir em frente, descubra por si mesmo o que quiser.

Aquele encontro com "o boa gente" foi o último. Marcamos em outra mesquita, e naquele dia ele foi direto ao assunto: propôs me enviar ao Paquistão, onde tinha uns amigos que haviam fundado uma escola corânica e que poderiam me ajudar. Tinha passado por sua cabeça me transformar em mártir. Em mais de uma ocasião tinha pensado que se algum dia alguém me oferecesse dinheiro para explodir uma bomba grudada no meu corpo, diria certamente que sim: acabaria o meu sofrimento e minha família poderia comer. Mas agora que estava perto, o desejo não parecia tão claro. Tive a sensação de que "o boa gente" não estava interessado em mim, em me escutar, que só estava impaciente para me influenciar. E foi isso o

---

*Termo que designa todos os membros do movimento da reforma muçulmana fundado por Muhammad ibn'Abd al-Wahhab no século XVIII em Najd, na Arábia Central. Entre o final do século XX e o início do XXI, o Wahabismo tornou-se predominante na Arábia Saudita e no Quatar. É um movimento austero, fundamentalista e ultraconservador. (N. T.)

que fechou a porta definitivamente para que eu fizesse qualquer coisa que ele dissesse.

— É muito importante que você aprenda bem o islamismo — me dizia —, e aqui não ensinam bem: no Paquistão vai encontrar pessoas como você. Sei que você vai longe, e eu vou te ajudar como se fosse um irmão.

— Agradeço muito, mas meu pai está doente e minha mãe precisa de mim...

Ele explicou que eles poderiam ir comigo, mas tudo que eu dizia parecia uma desculpa e ambos vimos que algo havia se quebrado. Nunca mais voltamos a nos encontrar.

Um salário

MUITO LENTAMENTE INSTALOU-SE UMA NOVA NORMALIDADE, na qual a tristeza estava sempre presente, mas já não era o centro do meu mundo. A luta para comer e viver com certo conforto voltou a ser minha preocupação diária.

Um dia, uma moça que me conhecia da escola me falou:

— Meu pai me disse que se você trouxer uma foto do tamanho da foto de passaporte, ele a mandará para uma associação na qual te ajudarão e você não vai mais ter que trabalhar.

Já podia imaginar as perguntas: "O que aconteceu? Como está sua família? Como você se arruma para que não te descubram? Você tem medo? Como ganha a vida? Está triste? O que você queria fazer na vida? Que papel acha que as mulheres deveriam ter na sociedade?". Já conhecia aquela história. A pobre garota miserável, o símbolo tão sedutor do sofrimento do Afeganistão! E já estava cansada disso. Desejava, com todas as minhas forças, deixar de contar minhas mágoas todos os dias, de ter que receber compaixão e passar minha vida expressando minha gratidão a todos os que queriam me salvar. Ter tanta dívida pesava muito sobre mim. Só queria estudar e seguir em frente. E eu também tinha medo de que, se uma nova ONG quisesse me ajudar economicamente, o tio Ganí ficasse sabendo e considerasse uma deslealdade com o sr. Hans.

O problema era que eu precisava de dinheiro. Foi assim que dei uma foto para o pai da minha colega de classe do liceu, e ele marcou um encontro comigo um dia, depois da aula, com três pessoas da CaWaf.

Quando os vi aparecer com uma câmera de vídeo, tive a tentação de ir embora, mas eles, diferentemente dos outros, não mentiram para mim: contaram que representavam uma organização europeia que tinha projetos no meu país, e que queriam fazer uma entrevista comigo para tornar conhecida minha situação e captar fundos para as mulheres afegãs. Em troca, eles me dariam cinquenta dólares. Então, passeei com eles pelas minhas ruas e até os levei ao cemitério de Zelmai. Respondi todas as perguntas feitas por uma mulher de voz melodiosa — uma jovem estrangeira que se chamava Sara —, embora com relutância, e nem sempre fazendo justiça à verdade. Mais do que dizer o que eu pensava, disse o que eles queriam escutar, e parecia que isso os satisfazia. Por que tinha que me esforçar para ser sincera se no dia seguinte provavelmente desapareceriam e eu não saberia mais nada sobre eles?

Mas, daquela vez, me enganei. Com Sara viriam muito mais entrevistas e documentários. E muito mais do que isso: ela foi a chave para que minha vida mudasse para sempre.

Por alguns meses, entretanto, não tive notícias da CaWaf e me resignei a ir levando a mesma vida. Tinha o ganho fixo da WIFW e a ajuda ocasional do sr. Hans, mas não saía da pobreza: se queria comprar carne ou levar minha mãe ao médico, precisava fazer um trabalho extra — como a manutenção de um poço ou o trabalho de operário — para chegar ao fim do mês. E quase um ano depois, quando eu já não esperava por nada, Sara voltou da Europa com uma proposta para mim.

O escritório da CaWaf ficava em New Street, no coração de uma das regiões mais modernas de Cabul, onde se localizavam as lojas e os restaurantes de maior reputação.

Sara foi direta na reunião:

— O que oferecemos é uma ajuda de cento e cinquenta dólares por mês para que você possa estudar sem se preocupar com mais nada.

Meu rosto se iluminou.

— Mas...

Havia um "mas".

— Como condição, você não poderá trabalhar em nenhum lugar nem conceder entrevistas a ninguém.

Por que todo mundo ousava colocar condições apesar de saber que isso me condenava a viver com poucos recursos? Por que, pelo fato de ser pobre e aceitar ajuda, tinha que perder o direito de tomar decisões sobre a minha vida? Não falei nada sobre o sr. Hans e a WIFW, por enquanto. Por que falaria? Por acaso os líderes da CaWaf viviam unicamente com cento e cinquenta dólares e aceitariam que alguém os impedisse de aspirar por mais? Pensava em tudo isso, mas só disse:

— Tudo bem. Obrigada.

Em nenhum momento me passou pela cabeça renunciar a nenhuma oportunidade de receber novos rendimentos, embora soubesse que teria que escondê-los — também não era tão grave. Fiz pequenos serviços de todo tipo: desde distribuir biscoitos na hora do recreio, sendo paga por uma ONG, até aulas particulares, passando por uma colaboração com um jornalista da *National Geographic*.

E aconteceu o que tinha que acontecer: um dia fui cobrar o "salário" da CaWaf e, em vez de dinheiro, recebi uma bronca monumental.

— Nadia, sabemos que pessoas te entrevistaram e que você continua trabalhando — disse o administrador, com um tom mais ameaçador do que era comum a ele. — E isso não vai ficar assim.

Explicou-me que a reportagem da *National Geographic* tinha chegado às mãos de Sara, com fotos nas quais eu simulava trabalhar na construção civil. Tive que admitir que havia dado uma entrevista a um jornalista, mas neguei categoricamente que continuasse trabalhando de maneira estável. De fato, tinha saído da WIFW e só fazia trabalhos ocasionais que não interferiam nos meus estudos, mas o administrador não quis acreditar em mim. Ele se chateava cada vez mais, eu batia os dentes por causa da malária, que voltava a me atacar, e por causa do medo. Tentava concentrar meu pensamento no tapete vermelho iraniano que transformara minha casa num lugar novo graças ao dinheiro daqueles trabalhinhos. Não queria me afundar, não queria escutá-lo, mas a agressividade daquele homem era aterrorizante.

— Senta! Estou falando para você se sentar. Agora vai escrever uma mensagem para Sara e contar tudo para ela. E vai ter que devolver todo o dinheiro que eu te paguei, porque quebrou o seu compromisso.

Eu não sabia usar o teclado do computador, e o meu inglês escrito era ainda muito precário. Mas sob o olhar furioso daquele homem, comecei a digitar as desculpas. O texto deve ter sido quase ininteligível, mas ele, sem revisá-lo, enviou.

Talvez tenha sido aquela mensagem tão dolorida e caótica o que fez com que Sara me perdoasse. No entanto, a relação com o administrador não podia ser mais tensa. Pelo menos era isso o que eu achava naquele momento.

A única coisa boa que aquele acontecimento teve foi que me levou a aprender a usar computadores. E nisso Flora me ajudou muito. Ela era uma voluntária italiana que vivia no Afeganistão porque seu marido trabalhava lá. Em momentos livres, durante as tardes, me ensinou o que era um computador, para que serviam os programas de edição de texto e como funcionava a internet. Me deixou ver as fotos do seu casamento, procurou para mim fotos de Florença e Veneza... Eu estava maravilhada. Tudo aquilo parecia pura fantasia: as fotos das meninas jogando pétalas de flores sobre os noivos que pareciam príncipes saídos de um conto de fadas; aquela cidade onde todos andavam de barco porque as ruas eram canais. Era muito difícil de acreditar que tudo aquilo fosse verdade.

Que descoberta! Quando acabei a primeira daquelas sessões, fui direto a um lugar onde anunciavam conexão com a internet por cinquenta afeganes por hora. Depois de convencer o dono de que tinha dinheiro para pagar, entrei muito orgulhosa e me sentei no único lugar que estava livre. Havia cinco computadores em duas mesas compridas, e as paredes estavam cheias de pôsteres de Bollywood. Tudo seria perfeito se não fosse o fato de, no outro extremo da sala, haver uma cabine telefônica, na qual os clientes gritavam como loucos para que parentes do Canadá os escutassem.

Olhei o teclado. Não sabia o que fazer. Só pensei em mudar o fundo de tela, uma das poucas e bem inúteis coisas que tinham me ensinado no minicurso na CaWaf. Abri o documento de Word. Escrevi uma palavra. E mudei o tipo de letra, a cor, o tamanho. Coloquei alguns *emoticons*.

Ainda me sobrava meia hora. Comecei a olhar o computador do lado, em que um rapaz jovem não parava de digitar, escrevendo e--mails. Tentei fazer o mesmo, mas não soube nem como abrir o programa. Disse a ele:

— Parece que meu computador não funciona.

Meu vizinho pegou o mouse e clicou em cima do ícone do programa de e-mail:

— Sim, funciona! Você tinha que clicar aqui!

Muito bem, eu já tinha o programa aberto. E o que tinha que fazer agora? Não ousava perguntar mais nada para ele. O dono do lugar me olhava com desconfiança. No fim, o rapaz que estava do meu lado decidiu me ajudar para que não bisbilhotasse mais seus movimentos e o deixasse em paz. Recomendou-me abrir uma conta do Hotmail, e eu fui seguindo suas instruções até abrir uma. O problema é que eu não dominava os termos *password* ou *login*, não lembrava que senhas tinha escolhido e nunca mais pude voltar a usar aquela conta de e-mail.

CARIDADE E COMPAIXÃO

LOGO DEPOIS DA MORTE DE AJMAL, duas professoras da escola começaram a prestar atenção em mim. Meu corpo queria que eu ficasse sozinha com a minha tristeza e não tivesse que dar satisfações a ninguém, mas eu sabia que elas faziam aquilo de bom coração e tinha medo de ofendê-las. E assim, acabei indo parar, bem contra a minha vontade, numa reunião de professores de Cabul na qual comentavam casos especiais entre os alunos. Timidamente, falei que preferia não participar. Mas elas insistiam que poderiam me ajudar e que era muito importante que eu assistisse.

Sendo assim, resumi minha vida pela enésima vez diante de um monte de desconhecidos, amparada pelas minhas professoras, que pareciam me exibir como um mico de circo. A audiência se comoveu: escutava como sussurravam "coitada, coitada!". Alguém, tocado pelo meu relato e cheio de boas intenções, propôs fazer uma vaquinha ali mesmo para me ajudar. Eu me sentia tão desconfortável que teria fugido correndo, mas pensei que, se rejeitasse aquele dinheiro, poderiam me interpretar mal. Eu adoraria dizer que não queria caridade, que só queria que as pessoas me aceitassem tal como eu era, e ter um bom emprego para poder pagar as minhas contas. Mas me esforcei para sorrir e agradecer com as faces quentes e as lágrimas a ponto de cair pela humilhação a que tinham me submetido.

Uma das organizadoras da reunião, uma menina muito simpática, me deu cem ou cento e cinquenta dólares que já tinha separado. Eu não conseguia nem olhar em seus olhos. Quando voltei para a escola e pensava que não era mais necessário continuar aquele teatro, a diretora foi me procurar muito feliz: "Que bom, Nadia! Você conseguiu arrecadar bastante dinheiro, né?". Nem mesmo ela parecia entender como eu não gostava daquela situação.

A verdade é que tinham voltado a me lembrar que eu era uma infeliz que nunca seria como os outros. Na escola, as lendas sobre mim continuavam a correr: que toda minha família tinha morrido, que eu antes era linda e outras histórias que despertavam a imaginação das pessoas. Inclusive uma menina tinha me sugerido ficar em sua casa, acreditando que eu estava sozinha no mundo. Na falta de telenovelas, pareciam encantadas por terem por perto alguém como eu para poderem inventar histórias bem dramáticas e morrerem de pena de mim à vontade. Eu não me esforçava para esclarecer os mal-entendidos. Só queria que me deixassem em paz de uma vez.

O pior é que sentia que elas me faziam um favor não revelando minha identidade, e que, de alguma forma, esperavam que eu o retribuísse. Assim, regularmente, elas me pediam para fazer algum trabalho, que eu não podia negar. Faziam como a mulher do tio Ganí, que me perguntava se eu "poderia" fazer uma compra para ela, justamente na sexta-feira, o único dia livre que eu tinha, e era inconcebível que eu dissesse não. Parecia que o fato de ser pobre e ter um segredo não me dava o direito de dispor do meu tempo como eu quisesse, mas que, além disso, eu tinha que ser agradecida.

Uma família até me propôs que, para sair da miséria, casasse a minha irmã adolescente com um parente já idoso que tinha uma grave deficiência mental. Não tive muito como recusar a proposta sem que eles se ofendessem, mas aquilo me indignava. Uma pessoa sem recursos tem que aceitar alegremente o que ninguém faria se pudesse evitá-lo? Nós éramos pobres, mas conservaríamos nossa liberdade e nossa dignidade enquanto pudéssemos.

Novo trabalho

Para esquecer de tudo, tentei me concentrar nos estudos, e assim, finalmente, me presenteei com uma boa notícia: tinha conseguido, com boas notas, o diploma de ensino médio!

Naquela época, Sara passava uma longa temporada no Afeganistão, e me pediu que fosse vê-la para falar dos meus planos para o futuro.

— Pensei que poderia montar um lugar com cabines telefônicas e *cyber* café com os meus amigos — falei.

— Isso é bom, mas... e se você vier trabalhar aqui, na CaWaf?

A primeira imagem que me veio à cabeça foi a do administrador e de seus olhos mortais. Mas será que eu podia me negar, já que subsistia graças ao dinheiro daquela organização? Não, não podia. Mais uma vez, a sensação de estar em dívida me tomava.

E comecei a trabalhar lá. Algumas vezes fazia trabalhos administrativos, e outras — os dias em que dava mais sorte — ajudava Sara. Ela era presidente da Ashda, uma instituição catalã que financiava alguns projetos da CaWaf — por isso tinha uma importância ali — e trabalhava como jornalista. Aquela mulher pequenina, forte e decidida me ensinou muitas coisas e me abriu muitas portas.

Para começar, as portas daqueles estabelecimentos do bairro, abarrotadas de seguranças. Nunca me deixaram entrar sozinha pelo meu aspecto suspeito num lugar tão chique, mas me tornei amiga de Sara, e ela, como estrangeira, tinha passe livre em todo lugar. Dessa forma, tomei chás no City Center, descobri — e adorei — o café solúvel, e até comprei sapatos. Minha necessidade de me disfarçar de camponês pobre tinha diminuído — de fato, era cada vez menos pobre e, definitivamente, já não era uma roceira — e ousei me vestir um pouco melhor para trabalhar na CaWaf. Aquele novo trabalho conseguiu fazer, em poucos dias, o que meu amigo Afzal não conseguira em anos. Como era alfaiate, de vez em quando ele me dava roupas, mas nunca caíam bem porque eu não deixava que tirasse minhas medidas. "Como você é estranho, Zelmai!", suspirava.

Sara ainda não falava dari com fluência suficiente, por isso, às vezes, precisava de mim como intérprete ao sair para fazer entrevistas. Quando eu a acompanhava, comprovava a ideia pouco realista que muitos afegãos têm dos estrangeiros — como eu mesma tinha, antes de esbarrar com alguns de todo tipo. Num povoado conseguimos que uma mulher falasse com a gente, embora, supostamente, eu fosse um homem. Muito aflita, nos explicava que seu marido tinha se casado com outra mulher porque ela não tinha dado filhos a ele. Mas a nova esposa também não era fértil, e o homem fugira para o Irã. Aquela mulher suplicava para Sara dar a ambas um remédio para ficarem grávidas e poderem segurar o marido.

— Sara não é feiticeira nem médica! — exclamei em dari, envergonhada da sua ignorância.

Porém, na verdade, eu mesma não sabia muitas coisas que as mulheres ocidentais sabem desde pequenas. Naquela mesma noite, fiz uma descoberta importante. Nós nos hospedamos em um hotel e, na hora de dormir, observei estupefata como Sara se despia diante de mim com total naturalidade para vestir o pijama. Tapei os olhos como fazia quando minha mãe se trocava, mas estava sufocada e não ousava respirar.

Sara se deu conta do meu desconforto e começou a falar para quebrar o gelo. Depois de um tempo, cada uma deitada em sua cama, falávamos de amor. E contei a ela algo que me preocupava.

— Tenho uma amiga que tem beijado uma garota. Você acha que podem ficar grávidas?

Sara sentiu vontade de rir, mas escondeu muito bem:

— Não, não vão ficar. Pode ficar tranquila, já explico como funciona — disse, saiu da cama num pulo e começou a remexer na sua mochila.

Pegou um caderno e uma caneta e desenhou os corpos da mulher e do homem e os órgãos reprodutores. Falou da menstruação e de muitas outras coisas. Aos vinte anos, finalmente eu soube de onde vinham os bebês.

Já com a luz apagada, lembrei de fragmentos de conversas com os meus amigos que me ruborizavam. Falavam de carícias, e de colocar a língua dentro da boca das garotas, e eu tapava os ouvidos e pedia em voz alta que Deus nos perdoasse (*"tobar, tobar"*), e disfarçava minha ignorância com puritanismo. Cortava o assunto pela raiz e, assim, evitava me agredir. E aprender também.

Também lembrei do dia em que uma prima me contou sobre sua noite de núpcias, de ter ficado sozinha com o marido no mesmo quarto e não saber o que fazer. Ele pediu que ela tirasse os sapatos, que ficasse à vontade, mas ela foi grosseira com ele: "E o que te interessa se tiro os sapatos ou não? Só me explica onde vou dormir!". O homem respondeu que ela dormiria do seu lado, já que ele era seu marido... Mas talvez ele soubesse menos ainda o que tinha exatamente que fazer ou sentisse medo, ou tivesse respeito por aquela mulher; o fato é que passaram três noites dormindo separados.

Ela não se sentia bem naquela casa e queria voltar para sua mãe, mas a sogra os pressionava: todas as manhãs, queria saber "como tinha sido". Aquela mulher queria resultados e não parou até obtê-los. Os recém-casados acabaram aprendendo o que se esperava deles: na quarta noite, dividiram a mesma cama e, ao final de nove meses, minha prima pariu seu primeiro filho. Pensando nessa história, deitada naquele hotel, me admirava que não tivesse entendido nada, que não tivesse tido a curiosidade de perguntar para minha prima o que é que eles fizeram, o que a sogra queria, como conseguira ficar grávida. A única explicação é que, na minha casa, o tabu era muito grande, e eu já tinha problemas de identidade o bastante para, além disso, me interessar por sexo.

Ajudem Nadia

Às vezes, eu teria preferido não saber tantas coisas que me perturbavam e que não sabia como encaixar na minha vida. No entanto, uma vez aberta a caixa de Pandora, era impossível voltar a fechá-la. E aquela época foi muito intensa... Sara me ensinava coisas que, no seu país, as crianças de sete anos já sabem, mas que, no meu, alguns não descobrem nunca. E Flora, a italiana à prova de fogo, estava decidida a fazer com que eu me abrisse mais para o mundo. Depois de me apresentar a internet, abriu um blog para que os outros me conhecessem: lá explicava o meu "caso" e encorajava os leitores a me darem dinheiro para poder ir a Londres e me operar.

Quando o blog foi lançado, recebeu um e-mail surpreendente. Enviado por uma norte-americana chamada Margo, contando que ela também tinha um blog para arrecadar fundos para me ajudar. Aquela mensagem me gerou muita dor de cabeça, porque na CaWaf acreditaram que eu sabia disso, e que estava recebendo dinheiro sem avisá-los, e se indignaram. Foi difícil convencê-los de que eu não conhecia aquela Margo de lugar nenhum e que não estava recebendo seu dinheiro.

Juntando as peças, descobrimos que Margo era a minha nova benfeitora da WIFW, uma daquelas "amigas" estrangeiras que continuava me enviando dinheiro e que não sabia que eu não recebia mais desde que tinha começado a trabalhar na CaWaf.

Felizmente, pudemos solucionar o problema e começamos a nos corresponder, via e-mail, com Margo, que tinha praticamente a minha idade. Ficamos amigas, e sua mãe, Helen — uma artista respeitável que se transformara numa empresária empenhada —, passou a ser uma espécie de madrinha para mim. Não só economicamente, mas também porque a partir daquele momento pude contar com ela para dividir meus desgostos e minhas ilusões. Por e-mail e, depois, também por telefone, Helen começou a me escutar, me aconselhar, me incentivar e me dar bronca quando era necessário. De repente, eu tinha uma família que nunca tinha visto, num país que talvez nunca visitasse.

O blog de Flora funcionou, e arrecadamos uma grande quantia, mas, no final, não pude ir a Londres porque não me concederam o visto. Portanto, eu me concentrei em outros objetivos: me matricular na universidade e conseguir um diploma oficial do bacharelado em inglês para poder apresentá-lo nas organizações internacionais. Surpreendentemente, a primeira coisa foi muito mais fácil que a segunda. É verdade que não pude entrar numa universidade pública porque não aceitaram minha dualidade de identidades oficial e real, mas na primeira universidade privada à qual fui, me transformaram em estudante de economia sem nenhum problema. O reitor era um homem aberto, formado fora do país. Com ele combinei que na aula, e aos olhos de todos, seria sempre Zelmai, mas que em todos os documentos oficiais apareceria como Nadia. E então comecei a dar os passos burocráticos necessários para a tradução oficial do meu diploma de ensino médio.

Tudo correu muito bem até o último momento, quando só faltava o carimbo do Ministério das Relações Exteriores. Eu me apresentei lá, mas o segurança não me deixou entrar. Desconfiava da minha aparência. Como eu insisti, acabou me dando um soco que me jogou no chão. Então, para se defender dos olhares das pessoas que passavam, o guarda começou a gritar que eu estava com uma bomba. E, de repente, não era só ele que me batia: choviam socos e pontapés por todo lado. Ninguém pensou que, se eu estivesse com uma bomba, ela já teria explodido: só me batiam sem parar. E eu chorava, gemia e, com o rosto na calçada, via o sangue escorrer.

Após uma eternidade me deixaram em paz, feito um farrapo por dentro e por fora; e, como pude, fui para a CaWaf. Sara não estava lá, procurei algum responsável: só tinha o administrador. Ele não se comoveu nem um pouco.

— O que você quer que eu faça, Nadia? Que saia no braço com o guarda?

Ele olhava com cumplicidade para outros companheiros, como querendo dizer: "O que essa aí pretende?", e eu teria jurado que todos riam. Serviram para mim um pouco de chá como se, em vez de ver alguém que sofria de verdade, estivessem vendo um espetáculo de rua ou um filme dramático que não tinha nada a ver com eles, e inclusive os divertia. Só faltava a pipoca.

— Ei! — eu dizia. — Não estão vendo o que fizeram comigo? Estou tão cansada disso tudo...

— Então, se está cansada de tudo, morre de uma vez, moça — responderam.

Aquele comentário me deixou tão desconcertada que simplesmente saí dali. Subi na minha bicicleta e, pouco a pouco, percorri o caminho até minha casa. Quando já tinha quase chegado, escutei alguém que me chamava, muito angustiado: Maruf.

— Zelmai, o que aconteceu contigo? Você está bem? Quem fez isso contigo?

Não podia contar a verdade para ele. Simplesmente disse que tinha brigado com um segurança e que depois mais gente se juntou à briga.

— Por que você não me chamou, Zelmai?

— Porque é a minha briga, não a sua! — Eu me sentia tão impotente por não poder ser sincera...

— Sou seu amigo, claro que a briga é minha também.

Maruf convocou rapidamente o resto do grupo, e em menos de uma hora, já estávamos todos dentro do carro de Afzal. Aquele segurança deve ter se lembrado por muito tempo de mim, aquele garoto que não carregava nenhuma bomba, mas que tinha uns amigos que não perdiam tempo quando alguém maltratava um do bando.

Em casa, enquanto minha mãe curava minhas feridas, muito assustada, eu disse a ela que não tinha forças para seguir levando aquela vida, que era muito duro sempre aguentar tanto desprezo e violência e que não podia continuar com tanta farsa. Ela me respondeu que, se eu quisesse, poderíamos ir embora:

— Mamãe, vou pedir dinheiro para CaWaf e sairemos do país, quanto antes, melhor.

Mas, no dia seguinte, eu recebi um telefonema de Sara:

— Nadia, você está bem? Me contaram o que aconteceu. É inacreditável e horrível. Por favor, dá uma passada aqui, quero falar contigo.

Ela insistiu para que eu não fosse embora, porque se fizesse isso — dizia — colocaria a perder todos os meus esforços para seguir adiante. Seu apoio fazia com que eu me sentisse segura, e ela me convenceu. Depois de alguns dias consegui o carimbo que faltava, o do Ministério, e me concederam, finalmente, o diploma do ensino médio com o meu nome: Nadia.

Vou embora

A vida universitária era mais descontraída que a de estudante do ensino médio, mas, ainda assim, meu horário continuava a ser bastante apertado: dedicava a parte da manhã à oração — ia para a mesquita quando ainda era noite, antes das cinco da manhã — e os estudos. À tarde, buscava o filho do tio Ganí na escola e o levava para minha casa, onde o ajudava a fazer os deveres enquanto minha mãe preparava a comida. Comíamos juntos e, enquanto ele fazia a sesta, eu ia para a CaWaf, onde chegava depois de uma hora de caminhada. Se nada de extraordinário acontecesse, ficava lá até às cinco da tarde. Depois, ia para a casa da minha amiga Manijá e dava aulas para ela e seus irmãos mais novos. Às oito da noite, pegava a bicicleta para pedalar mais uma hora até em casa, onde chegava exausta, mas ainda tinha que fazer os deveres e estudar um pouco antes de me enfiar na cama. Felizmente, as sextas eram para me divertir, caso contrário, não sei como teria suportado.

No entanto, essa época não durou muito porque surgiu uma nova possibilidade de viajar para a Europa. Dessa vez, para Barcelona, e com uma consulta médica garantida. Sara demonstrara que falava sério, que tinha contatos de verdade, e que eu podia confiar nela. Além disso, como de vez em quando passava na minha casa, minha mãe também a conhecia, e deu sua aprovação. Eu dizia que, como falava inglês, podia me safar bem sozinha, e ela só me fez prometer que se eu não me sentisse bem, voltaria imediatamente.

Os médicos que tinham que me ver e operar faziam parte de uma organização chamada Cirujanos Plástikos Mundi. Antes de viajar, queriam me conhecer e marcaram um encontro em Sharnau, um bairro moderno e ocidental cheio de embaixadas, ONGs, hotéis e restaurantes. Um dos lugares preferidos para os estrangeiros de passagem por Cabul.

Duas colaboradoras, amáveis e sorridentes, nos receberam. Não podia tirar os olhos de uma delas porque era muito exótica para mim: loira como um fio de ouro e com uns olhos azuis como eu nunca havia visto. As duas me deram muitas esperanças: diziam que era quase certo que podiam me operar, e que tinham conseguido o apoio de um hospital em Barcelona para isso. Combinaram com a Sara as questões administrativas da viagem — foi o que me disseram, porque falavam numa língua que eu nunca tinha escutado —, e me contaram que estavam procurando famílias que pudessem me acolher enquanto eu não estivesse no hospital. Eu, embora mantivesse uma ponta de ceticismo — talvez na última hora me recusassem —, começava a acreditar e a me iludir. Todos os fios soltos iam se juntando...

O passo seguinte foi falar com o embaixador espanhol. Eu não entendia que papel aquele senhor tinha, mas Sara insistiu que ele era muito importante para que eu conseguisse o visto, e por isso eu fiquei um pouco nervosa. Mas ela e um colaborador me acompanharam, e isso me tranquilizava. Combinamos de nos encontrar no último horário da tarde.

— Já chegamos, gente! O hotel Sirena! — anunciou Sara quando o táxi parou. — De fora só dava para ver uma parede bege sem nenhuma graça, uma cerca de arame farpado e um monte de seguranças que se puseram em alerta quando me viram sair do carro, e que relaxaram quando apareceram os dois estrangeiros atrás de mim.

Talvez a entrada não tivesse nenhum encanto, mas quando atravessamos a porta... foi como se de repente eu tivesse voado do Afeganistão para outro país, tudo era luxo e prosperidade. Era difícil de acreditar que em Cabul pudesse ter um lugar assim. De repente, escutei o chamamento do muezim,[*] que atravessava as paredes e os vidros daquele lugar e me lembrava que sim, ainda estava no meu país e já podia sair do jejum do Ramadã. Quase sem me dar conta, tirei um suco de cereja da bolsa e comecei a tomar enquanto olhava, completamente fascinada, tudo o que estava à minha volta: luzes, sofás, pisos brilhantes, tetos altos, espelhos, clientes arrumados, trabalhadores com o uniforme impecável...

— Isso é suficiente?

Estava tão maravilhada que nem sequer tinha escutado o que dizia o companheiro de Sara.

— O quê?

Ele sorriu:

— Pergunto se depois de um dia inteiro sem comer, um suco é o suficiente!

— Sim, sim... — respondi, distraída.

Sara perguntou pelo embaixador, e depois de poucos minutos, nós o vimos sair de um elevador brilhante, acompanhado de um homem que devia ser seu secretário. Cumprimentou-me com um aperto de mão, sorrindo, me disse *oi* em dari, e nos levou ao jardim do hotel. Um jardim cuidado, com grama, bombas de água, guarda-sóis, iluminação... Os estrangeiros tomavam cervejas e Coca-Cola nas mesas como se estivessem em Paris ou em Nova York. Para mim, tudo aquilo era simplesmente fantástico. Nós nos sentamos todos à mesa, e eu

---

[*]Encarregado de anunciar em voz alta, do alto das mesquitas, o momento das cinco orações diárias no Islã. (N. T.)

continuei boquiaberta sem prestar muita atenção ao que diziam à minha volta.

De repente, notei que um garçom estava atrás de nós, de calças pretas e camisa branca e um papel na mão, esperando algo de mim. Não sabia exatamente o que tinha que fazer, não estava acostumada a essas formalidades, e o menu, escrito em inglês, me parecia difícil demais para decifrar. Sara me salvou:

— Nadia, você gostaria de comer um sanduíche e umas batatas fritas?

— Sim, seria ótimo, obrigada.

Ela sabia que eu adorava batatas fritas. Sobre o sanduíche de alface, tomate, atum e maionese, só pensava em uma coisa: que faria bem para minha mãe, para quem restavam poucos dentes na boca. Estava muito macio e suculento... Meus companheiros de mesa iam falando naquela língua estranha, e de vez em quando se dirigiam a mim em inglês e eu respondia invariavelmente: *"Thank you, thank you"*. Mas mal os olhava: preferia observar os clientes do hotel, tão elegantes e alheios à miséria que existia a poucos metros dali; os seguranças que se moviam sem cessar como formigas nervosas, e aquele jardim de conto de fadas.

Nem consegui terminar o sanduíche, e perguntei se podia levá-lo para casa. No Afeganistão isso era impensável, porque ninguém nunca deixava comida no prato, mas naquele hotel não devia ser tão estranho porque ninguém fez cara feia... Uma vez com o pacote na mão, comecei a ficar impaciente para chegar em casa.

— Mãe, mãe! Você não vai acreditar. Em Cabul tem uns lugares muito luxuosos! São como aqueles em que o presidente Karzai vai quando o vemos na televisão... Acho que o papai nunca esteve num lugar assim. Tem um monte de sofás, muitas luzes elétricas, corredores compridos, tudo de cimento e não de barro... Me apresentaram a um homem importante, acho que é o presidente da Espanha! E tinha umas comidas deliciosas... Trouxe um sanduíche para você, é muito macio, você já vai provar!

Minha mãe já tinha jantado, mas me viu tão empolgada que provou o sanduíche. Depois me disse que já estava cheia, e que o guardaria.

No dia seguinte, quando nos levantamos para comer antes que o sol raiasse, minha mãe me confessou que não tinha gostado do sanduíche e me deu o pedaço que sobrou. Eu me perguntei se realmente tinha gostado dele ou não; me entusiasmava tanto em comê-lo que o saboreei como se fosse o prato mais gostoso da minha vida. Além disso, senti que começava o dia com muito mais energia. E à noite não perdi a oportunidade de tirar onda com os meus amigos. Eles me olhavam com admiração, e Afzal brincava:

— Ah, essa Sara! Já estou vendo que vamos ter uma cunhada estrangeira!

Olhei para eles e minha alegria definhou. Aqueles amigos estavam felizes de saber que as coisas estavam acontecendo comigo, e eu os estava enganando. Não podia me casar com Sara, nem podia dizer o que tínhamos ido fazer no hotel Serena. Comecei a tomar consciência de que, se as coisas fossem tal como eu desejava, se eu pudesse viajar para Barcelona e restaurassem o meu corpo, se eu pudesse voltar a viver como uma mulher, tinha certeza de que nunca mais voltaria a passar um momento como aquele entre amigos. Para conseguir um futuro em que pudesse viver de bem comigo mesma, sem mentiras, teria que pagar um preço muito alto.

O dia se aproxima

Os preparativos para a viagem avançaram sem imprevistos. E num dia de outono, Sara me fez ir à CaWaf porque me disse que já tínhamos tudo pronto.

Quando saí da casa do tio Ganí, parecia que os pedais da bicicleta não queriam me obedecer e se enroscavam nos meus pés. Distraída com os meus pensamentos, ziguezagueava sem querer e quase atropelei mais de um pedestre, que me xingou. Então, despertava do meu delírio e também me irritava e gritava. Estava muito nervosa.

Entrei na CaWaf e corri até o escritório de Sara. Estava vazio. Minha impaciência era tão grande que não parava quieta, e dava voltas e mais voltas pelo pequeno escritório enquanto os companheiros de trabalho dela me olhavam atônitos.

— Desculpa, Nadia — escutei atrás de mim depois de alguns minutos. Sara, ainda usando o casaco e o lenço, e com um sorriso de orelha a orelha, me mostrava uns documentos que tinha nas mãos. — Está pronta? Você já tem uma data para viajar.

Nos últimos dias havíamos preparado todos os documentos: já tínhamos o passaporte e o visto, e agora Sara me mostrava a passagem e o programa da viagem. Folheei com grande respeito todos os papéis que falavam de mim, com uma foto de passaporte — de mulher —, meu nome verdadeiro, o lugar e a data de nascimento que o pai de Mariam, o tio Ganí, tinha inventado quando foi ao cartório se fazendo passar por um parente meu. Eu até tinha um sobrenome, coisa impensável para os afegãos. Reli em voz alta, lentamente.

Que estranha que a vida era. Na primeira vez que entrei na sede da CaWaf, era um garoto pobre e com o futuro incerto, e aquele dia saí com um visto que dizia que eu era uma mulher jovem de vinte e um anos que tinha liberdade para viajar. Refletira muito sobre o que aquilo tudo queria dizer. Não era só um visto para a Europa, via Dubai. Era um passaporte para uma nova vida que eu, ao mesmo tempo, desejava e temia. Nem sabia que a cidade de Barcelona existia até Sara situá-la no mapa para mim. No entanto, o mais preocupante era que, da mesma forma que eu não conhecia Barcelona, também não conhecia a mulher jovem que, segundo aqueles documentos, iria para lá. Aquilo eu estava prestes a inaugurar, e não tinha certeza se gostaria de conhecê-la. Depois de tudo, Nadia matava quase toda a vida que eu conhecera até então, e a pessoa que meus amigos, minhas irmãs, meu mundo tinham gostado... Não tinha dúvidas sobre se saberia me adaptar a uma nova cidade — me adaptei a situações terríveis; e com certeza também me adaptaria bem a um país rico —, mas como me transformaria numa mulher "de verdade"?

Falara muitas vezes sobre isso com Sara. Eu ia me operar, e quando tivesse o corpo reconstruído e, principalmente, o rosto, voltaria ao Afeganistão com minha nova identidade feminina. Começaria uma nova vida sem voltar a ver as pessoas de antes. Como se o Zelmai, que também eu era, tivesse morrido. A decisão era certa, não tinha como voltar atrás, mas eu não conseguia evitar sentir uma tristeza enorme, um luto imenso por aquele pequeno Zelmai que tinha passado por tantas dificuldades.

Sentia uma enorme vontade de ir para minha casa e fazer uma pausa nas emoções desses dias turbulentos. Tinha vontade de ouvir que nem tudo tinha mudado, sentir o cheiro da minha casa, deitar na cama que dividia com minha mãe e me refugiar por um momento naquilo que eu conhecia e que, por ser familiar, me tranquilizava, no que ainda era minha vida, embora por pouco tempo. Pensei que continuaria um trabalho da faculdade que queria concluir antes de ir embora.

No entanto, quando cheguei, vi que os trabalhos que deixara pela metade estavam manchados, com grandes marcas de tinta em forma de arco, como se alguém tivesse passado a mão em cima para espalhá-la... Procurei meu pai com o olhar, e o vi encolhido num canto, com sua não presença, a qual já tínhamos nos acostumado, com o olhar vazio. Perto dele, um pote de tinta. E, claro, as mãos sujas de tinta preta. Perdi a cabeça, dei uma bronca e quase bati nele, cheia de raiva. Em vez de encontrar a paz que precisava, tinha perdido a calma em menos de um minuto. Às vezes, meu pai saía da sua letargia e tinha ataques violentos, nos insultava e tentava nos bater. Tínhamos que controlá-lo com a ajuda dos vizinhos, porque não sabíamos de onde tirava tanta força, e dar a ele algum calmante. Mas um ataque tão sofisticado como estragar o meu trabalho era inédito, e ainda mais doloroso para mim. "Por que em vez de me ajudar sempre tem alguém em casa que me dá uma rasteira?", pensava.

Estava tão furiosa que era incapaz de entender o que tinha acontecido: que, da sua maneira, meu pai quisera me ajudar. De fato, aquele pequeno desastre era o primeiro gesto protetor que ele tivera em relação a mim em muitos anos: o que ele pretendia era tirar o pote de tinta de cima da mesa para que ninguém tocasse nele e o fizesse cair. Mas por culpa do seu tremor constante, ele mesmo jogara tinta no meu trabalho, e quis apagar a confusão, desajeitada e inutilmente.

Quando descobrimos o que aconteceu, me senti ainda pior por ter dado uma bronca nele. Aquelas manchas de tinta no papel, que também tinham deixado rastro sobre o tapete quando ele levou o pote, eram uma mostra da sua deficiência... e uma prova de amor.

Até nunca mais

COSTUMAVA ENCONTRAR MEUS AMIGOS À TARDE para passearmos ou irmos para a casa de um de nós. Às vezes, íamos juntos à mesquita e depois ficávamos conversando perto da fonte que tem do lado de fora para fazer as lavagens, e de vez em quando íamos caminhar. Um dia, antes de ir embora, eu decidi convidá-los para jantar fora, mas não disse o porquê.

Afzal passou para me buscar às sete horas. Para aquela ocasião, vesti um colete que ele tinha me dado de presente, da marca Titanic — o filme Titanic, embora tenha estreado às escondidas em plena época talibã, teve um grande impacto no país, e logo apareceu roupa do Titanic, perfume do Titanic, penteados do Titanic e tudo o que se podia imaginar. Juntos fomos buscar o resto: primeiro Asharaf, depois Waiss, que, como sempre, nos fez esperar porque estava conversando e flertando com as alunas do seu curso. Afzal ria:

— Ei, mestre! Poderia dar o seu autógrafo, por favor? Ou temos que pedir para o seu assessor?

Finalmente, fomos buscar Maruf. E, como acontecia sempre que estávamos todos juntos, o carro era uma festa. E eu cortei a onda:

— Para um pouco, Afzal, que está na hora de rezar, não?

Todos me olharam aborrecidos:

— Anda, Zelmai, hoje estamos de zoação! — disse Waiss, gentilmente. Mas todos sabiam que eu não mudaria de ideia, e Afzal parou diante de uma mesquita. Para mim, aquela última reza compartilhada, na qual pedi chorando para que Deus nos protegesse, foi um momento muito intenso.

Depois me esforcei para recuperar o ânimo, mas não conseguia.

Eu os levei ao restaurante que tinha perto da sede da CaWaf, no qual tinha ido algumas vezes com a Sara: todos ficaram admirados que o garçom me conhecesse.

— Vamos sentar no terraço — disse, como se fosse a proprietária do restaurante. Todos me seguiram.

Pedimos arroz, frango, cordeiro e um monte de Coca-Cola para beber e, como sempre acontecia quando estávamos juntos, foi uma alegre confusão, e falávamos muito, muito de garotas.

— E a minha vizinha, Zelmai? — perguntou Maruf.

A vizinha dele tinha estudado comigo, mas havíamos combinado com todas as garotas que fingiríamos não nos conhecer se nos víssemos fora da escola. Assim, quando nos encontrávamos, apenas nos olhávamos. Só que Maruf tinha interceptado esses olhares, e começou a correr no grupo o rumor de que sua vizinha e eu estávamos secretamente apaixonados. E como eu não confirmava nem desmentia, já tinha se transformado num assunto frequente em nossas conversas. Eu me sentia muito confusa para poder brincar, e me emocionava com cada coisa que diziam. Teria adorado registrar cada palavra, cada imagem, cada gesto e cada gargalhada...

— Parece que Zelmai está ficando triste pensando nela. Calma, amigo, que já vamos te ajudar! — comentou Asharaf.

— É tão romântico vocês dois... — suspirava Waiss.

— Não começa, Waiss, para você é tudo tão romântico que se apaixona todos os dias! Parece uma garagem: cada dia entra uma garota nova e sai a do dia anterior!

Sempre brincávamos com a história da garagem com Waiss porque era um sedutor, mas todos nós sabíamos que ele gostava de uma garota que era da mesma universidade que ele, mas seus pais não aprovavam. Eu oferecia, de brincadeira, me casar com ela e depois "entregá-la a ele". Naquele nosso país, em que as mulheres eram tão oprimidas, os rapazes também não estavam livres do poder definitivo do pai. Por isso, muitas conversas entre os garotos eram sobre as garotas pelas quais estavam apaixonados e sobre que artimanhas poderíamos utilizar para convencê-las e também aos pais dos dois. Dizíamos bobagens para diminuir a importância, porque era um assunto que provocava uma grande sensação de impotência em todos os jovens.

No meu caso, naturalmente, era pura brincadeira. Um dia, Afzal disse:

— Zelmai, você tem uns olhos muito bonitos!

— Muito bem, então sabe o que podemos fazer? Eu me casarei com sua irmã e você vai ter uma sobrinha com os meus olhos, o que acha?

Desde então, sempre que eu o via, mandava lembranças à irmã dele. De fato, nem eu conhecia a maioria dos irmãos — e menos ainda as irmãs — dos meus amigos, nem eles as minhas. Com eles, como com todo mundo, preferia ser ambígua a respeito da minha família: nunca cheguei a dizer a eles quantos irmãos tinha, porque isso me permitia ter margem para inventar histórias quando me convinha para esconder minhas atividades como menina. Quando eles iam à minha casa, obrigava a minha família a se fechar no outro cômodo que tínhamos ou ir para o pátio, fossem por minutos ou horas.

Com a irmã de Afzal, o amor era uma brincadeira. Mas com ele, a coisa era diferente. Depois da morte de Ajmal, ele sempre estava do meu lado e, pouco a pouco, algo crescia entre nós, uma tensão que eu podia identificar como paixonite, mas para ele, que me via como um garoto, não era nada mais que uma incômoda e estranha inquietação. Afzal era bonito, divertido e cuidava muito de mim, mas também vinha de uma família muito tradicional e conservadora, e ele mesmo tinha uma visão bastante machista do mundo. Estávamos muito bem juntos, mas não podíamos ter nenhum futuro. E, além disso, eu não queria nem pensar nisso, porque parecia que as pessoas que eu amava morriam antes do tempo, e eu já tinha sofrido o suficiente.

Aquela última noite, depois de jantar, fomos a um parque de diversões. Normalmente, teria sido uma grande festa, mas Maruf se deu conta de que algo não andava bem e quando me viu sozinha foi me perguntar o que estava acontecendo, porque dava para ver que eu estava muito triste.

— Estou indo embora, Maruf.

Já tinha a explicação pronta. Ambígua como sempre, mas bastava: ia trabalhar fora do país, primeiro no Paquistão, depois talvez nos Estados Unidos.

Maruf ficou desolado. Chamou os outros:

— Zelmai vai embora, vai nos deixar! Logo ele que sempre dizia que ficaríamos juntos!

Todos chegaram correndo e não conseguiam acreditar.

Afzal estava muito aborrecido e triste, e repetia:

— Vou contigo.

Segurando as lágrimas, disse que eu também estava muito triste, mas que precisava partir.

— Vamos tentar nos animar, quero ter uma boa lembrança desta noite... Por que não alugamos um filme e assistimos juntos na casa de Afzal?

Ninguém se animou. Todos disseram que estavam cansados, e provavelmente precisavam digerir a notícia. Não pude nem abraçá-los como gostaria de ter feito.

No dia seguinte, Afzal me ligou para que eu fosse à sua casa me despedir. Não ousava voltar a vê-lo: disse que tinha que me despedir de muita gente, mas ele insistiu. No final combinamos de ir comprar uma mala, e Afzal me deu de presente uma jaqueta de couro. Também quis me acompanhar a dizer adeus a todo mundo, e no carro não parava de procurar soluções para que eu não fosse embora: disse que falaria com Sara para que me desse um trabalho melhor, que me daria dinheiro, que pediria ajuda ao seu pai...

— Fala, Zelmai, você está chateado com algum de nós?

O nó que eu tinha na garganta não me deixava nem falar. Felizmente, aquele monólogo tão triste se interrompia quando parávamos diante de uma casa para que eu fosse me despedir de alguém. Ele me esperava embaixo enquanto eu via minhas melhores amigas: Mariam do ensino fundamental, Mariam do ensino médio, Manijá... Elas tentavam me animar, convencidas de que a operação me deixaria perfeita. Eu, depois de passar quatorze vezes por salas de operações, não tinha tanta certeza, mas elas, sim, e completavam: "E sorria, senão você vai ficar com cara de velha!", e eu sorria sem deixar de chorar.

Dizia a Afzal que estava visitando minha família: tias e primos. E ele se admirava pensando que minha "família" era rica, porque muitos dos bairros aonde fui me despedir das minhas amigas eram abastados, muito diferentes da minha realidade e até da deles.

Mais tarde, paramos para comer *bulanís*, nossos bolinhos achatados de pão, cebola e batata. Afzal não parava de falar, obcecado em me fazer mudar de opinião, embora me conhecesse o suficiente para saber que eu não mudaria. Eu queria dizer a ele que fosse mais gentil com as pessoas, que tivesse cuidado com o carro e que não falasse ao celular enquanto dirigia, mas a minha voz não saía. E ele, se dando por vencido, me pediu um número de telefone para poder entrar em contato comigo.

— Vou deixar o meu celular com a minha mãe. Quando tiver um novo, te avisarei...

Quando nos separamos, começou a chover.

O QUE DEIXEI PARA TRÁS

E LÁ FUI EU, CARREGADA COM uma mala grande de rodinhas. Dentro eu levava quase tudo que tinha, e ainda me sobrava espaço: a pouca roupa que era necessária para a viagem, porque depois, não voltaria a precisar dela, meu Alcorão gasto por tantas horas de estudo na mesquita, as fotos de família que um jornalista tinha feito e a dos meus amigos brincando num dia de piquenique, a chave de casa e mais nada.

Antes de entrar no aeroporto, troquei o turbante pelo lenço. E por questão de costume, a partir daquele momento passei a olhar para todos os lados com medo de encontrar algum conhecido. Mas só vi o sorriso caloroso das duas mulheres que me acompanhavam a Barcelona, porque tinham que participar de umas jornadas sobre o Afeganistão que Sara organizara.

Tinha saído de casa fazia apenas algumas horas. Tentando parecer segura, procurei tranquilizar minha mãe e meu pai, que me olhavam com olhos preocupados. Dei beijos nas mãos dos dois, e eles me deram beijos na cabeça. Não fui capaz de quebrar a barreira de gelo que havia muito tempo existia entre minhas irmãs e eu: abracei a mais nova e me limitei a apertar a mão da mais velha. Depois, minha mãe pegou um Alcorão e o segurou bem no alto enquanto entrava e saía três vezes de casa, passando por debaixo do livro sagrado, simbolizando a proteção de Deus enquanto eu estivesse fora. Também me salpicou com água, dizendo:

— A água é luz, que Deus te ilumine!

Foi uma cerimônia que pareceu insuportavelmente longa, porque estava difícil, para mim, resistir à tristeza. E quando terminou, saí, fechei a porta e entrei no táxi que me esperava. De dentro, vi que minha mãe saía correndo de casa, e que o seu lenço caiu da cabeça, mas ela não o arrumou... Eu disse ao taxista para acelerar. Se minha mãe tivesse me abraçado naquele momento, não sei se eu conseguiria ir embora.

Pensei nos meus amigos Afzal, Maruf, Asharaf, Waiss; pensei no meu primeiro amor, Ajmal; na família de seu Bismilá e em todas as pessoas marcantes que eu conheci enquanto trabalhei para ele; e lembrei do meu mulá, os membros das comunidades sufis e "o boa gente" que queria me meter na guerra santa... Para todos aqueles homens, eu morria naquele momento. Não os veria nunca mais.

Uma das mulheres que me acompanhava notou que eu fraquejava e me abraçou. Como se fosse por acaso, começou a falar que Barcelona era bonita, que logo eu poderia ver o mar e até mergulhar nele, que Sara estaria ao meu lado, que logo encontraria outros amigos, e que certamente me sentiria bem na Europa.

Naquele momento, me vi refletida numa vidraça da cafeteria do aeroporto. Dentro da jaqueta larga de Afzal havia um corpo de mulher, com a cabeça coberta, como uma mulher. Com olhos bonitos e uns cachos bonitos. Pensei naquela menina divertida e feliz que brincava com Zelmai. A menina era eu.

Fui para a entrada pela qual devíamos embarcar. A aeromoça olhou o passaporte, olhou para mim e me indicou que entrasse, com o mesmo gesto cansado que fazia para todo mundo.

Sorri e entrei.

Janeiro de 2008 – março de 2010

AGRADECIMENTOS

Meu agradecimento mais especial à minha família da Catalunha: papai *jan*, mamãe *jan* e minha irmã, Marta *jan*. Aos três: obrigada pelo seu apoio incondicional, pela paciência e pela confiança que sempre depositaram em mim.

À Mònica Bernabé, que me apoiou e me ajudou nos piores momentos, quando eu já não tinha forças para resistir.

À minha amiga Behjat Mahdavi e seus amigos, por sua amizade e seu apoio emocional. Eles foram os primeiros que me receberam de braços abertos.

Também sou muito agradecida a Exil, e especialmente à Ariadna Nuño e Marc Waether, por sua compreensão e apoio todo este tempo.

À Carme Vilarmau, leitora e professora incansável que me assessorou e me ajudou neste projeto e em muitas outras coisas.

À família Puig-Borràs, meus tios, pelo seu carinho.

À Elaine Keenan por me animar e me aconselhar.

A todos os meus amigos e amigas, às pessoas que colaboram na Ashda, que, de uma forma ou de outra, me ajudaram a seguir adiante.

Quero dizer que vocês são grandes pessoas e parte importante da minha vida.

E, finalmente, obrigada eternamente à minha família e aos amigos afegãos que, apesar das dificuldades, continuam lutando.

NADIA

Quero agradecer à Nadia, que me confiou sua vida e me deixou transformá-la em um livro que acabou sendo uma maravilhosa aventura de dimensões que nenhuma de nós duas imaginava.

Muito obrigada à Tati Dunyó, Laia Tresserra, Núeria Esteve, Dolors González e Cristina Rotger por sua ajuda, e a todos os que me deram ânimo, bons conselhos ou uma ajuda em algum momento.

Agradeço à Sandra Bruna e à equipe da Planeta por acreditarem no livro desde o primeiro momento.

Embora possa parecer piegas, obrigada também a todos os que acreditaram nele antes mesmo de eu escrevê-lo.

E, finalmente, obrigada à minha família, que sempre está por perto, especialmente Oriol, Alzira, Marçal e Aniol.

AGNÈS

ESTE LIVRO, COMPOSTO NA FONTE FAIRFIÉLD,
FOI IMPRESSO EM PAPEL PÓLEN SOFT 70G/M² NA AR FERNANDEZ,
SÃO PAULO, BRASIL, SETEMBRO DE 2020.